U0505668

职业教育视域中的职业能力研究

庞世俊　王庆江 ◎ 著

ZHIYE JIAOYU SHIYUZHONG DE
ZHIYE NENGLI YANJIU

中国财经出版传媒集团

经济科学出版社

Economic Science Press

图书在版编目（CIP）数据

职业教育视域中的职业能力研究/庞世俊，王庆江
著 . —北京：经济科学出版社，2021.11
ISBN 978 - 7 - 5218 - 3026 - 2

Ⅰ . ①职…　Ⅱ . ①庞…②王…　Ⅲ . ①高等职业教育
- 教育研究 - 中国　Ⅳ . ①G718.5

中国版本图书馆 CIP 数据核字（2021）第 226699 号

策划编辑：李　雪
责任编辑：袁　澂
责任校对：刘　娅
责任印制：王世伟

职业教育视域中的职业能力研究

庞世俊　王庆江　著

经济科学出版社出版、发行　新华书店经销
社址：北京市海淀区阜成路甲 28 号　邮编：100142
总编部电话：010 - 88191217　发行部电话：010 - 88191522
网址：www. esp. com. cn
电子邮箱：esp@ esp. com. cn
天猫网店：经济科学出版社旗舰店
网址：http://jjkxcbs. tmall. com
北京季蜂印刷有限公司印装
710 × 1000　16 开　12.5 印张　160000 字
2021 年 11 月第 1 版　2021 年 11 月第 1 次印刷
ISBN 978 - 7 - 5218 - 3026 - 2　定价：52.00 元
（图书出现印装问题，本社负责调换。电话：010 - 88191510）
（版权所有　侵权必究　打击盗版　举报热线：010 - 88191661
QQ：2242791300　营销中心电话：010 - 88191537
电子邮箱：dbts@ esp. com. cn）

前言
PREFACE

随着社会的发展与进步，职业教育在人力资源开发和个体发展中的作用日益凸显。坚持以人为本，全面贯彻党的教育方针，培养德智体美劳全面发展的社会主义建设者和接班人，努力促进学生全面发展是职业教育的基本要求。在人的全面发展中，职业能力是重要组成部分，加强个体职业能力培养，对于提高职业院校学生和企业在职员工的综合职业素养和可持续发展能力，促进人的全面发展具有深远意义。职业能力建设是一项重大制度建设，职业能力已成为我国人才培养、使用和管理的重要指标。从职业教育的视角研究职业能力的内涵特征、职业能力形成与积累的机理和模式、职业能力测评方法与认证制度，无论是对深化和完善理论本身，还是对确立现代职业教育改革创新的发展道路，都具有理论与现实意义。

一是界定职业能力概念，透视人才培养目标的基本内涵，有利于明确职业教育人才培养的重点。一些职业院校办学淡化能力的流弊尚未从根本上缓解。通过研究，清楚界定职业能力概念，揭示人才培养目标基本内涵，有利于引导职业院校转变教育观念，重新确定职业院校培养人才目标，在坚持全面发展的基础上，重点加强职业能力的培养，使得教育目标定位、内容调整、过程安排、制度设计以及教育环境的构建，更加符合教育发展、学校办学和人才培养的规律，符合技能型人才成才就业和企业用人的实际需要。

二是揭示职业能力形成的基本规律，有利于构建科学、灵活、高效的技能型人才培养体系。以能力为本位，以质量为尺度，以适应岗位需要、国家经济社会发展需要为出发点，设计包括学历教育和在职学习在内的职业能力培养体系，以提高质量为核心，安排职业能力形成过程的各个环节；研究校企合作、工学结合、半工半读的技术技能型人才培养模式，深化职业院校的教育教学改革，使得教育教学全过程更加符合职业能力形成和人才成长的基本规律。

三是研究职业能力认证评价，有利于促进职业能力考核认定制度的多元化发展，增强其广泛的适应性。本书将认真分析当前国家职业资格、行业职业标准和企业职业认证体系运行现状，针对其中的不足和缺失，研究构建新型的职业能力评价体系框架，增强学业资格与职业资格之间互补的灵活性和渗透性。准确评价学生和职工的职业能力，为其就业、转岗、职业生涯持续发展提供服务支撑。

本书基于对能力与知识等相关概念的辨析和国际视域对其内涵的理解，对职业能力的基本概念进行了科学界定，明确职业能力的充分发展是人的全面发展的当代形态。从职业教育的视角诠释职业能力的内涵，引入身体能力因素，分析了职业能力的特征，突出了职业能力的实践性、动态发展性、可测性和评价上的模糊性等特征。职业能力的提升是在职业实践中实现的，是以人的职业行为的方式与个体自身整合在一起的，是在其构成要素的互动过程中得以形成并发展的。职业能力的评价包括培养阶段的职业能力测评和人才使用阶段的职业能力认证，评价过程、方式方法应体现能力本位的理念。全书立足于我国职业能力领域的理论研究成果和探索实践成果，注意吸收国外此研究领域的前沿成果，着力梳理和呈现出职业教育领域学生个体职业能力获取和提升的基本原理。

本书得到河北师范大学人文社会科学学术著作出版基金资助。值此，感谢老师们悉心教诲！感谢河北师范大学河北省职业技术教育研究所的领导、同事们的支持与帮助！感谢职业教育战线的前辈和同仁！

特别感谢李雪、袁澂两位老师为本书出版付出的大量心力和辛勤劳动！

本书从职业教育的视角探讨了有关职业能力的一些基本问题，尽管是作者的心血之作，但由于研究能力和水平的限制，不可避免地存在不足之处，恳请读者批评指正。

作　者
2021 年 10 月

目录
CONTENTS

| 第 1 章 |

绪　　论

1.1　选题背景

1.1.1　人力资源是"第一战略资源"

中国是世界第一人口大国，占全球总人口的18%[①]，这是我国经济社会发展的比较优势，也是潜在的挑战。只有将人口负担转化为人力资源优势，才能减轻人口负担，提高现实的生产力。"致天下之治者在人才。"人才是衡量一个国家综合实力的重要指标。《中共中央国务院关于进一步加强人才工作的决定》（2003年）明确指出："人才资源能力建设是人才培养的核心。以能力建设为核心，大力加强人才培养工作。"要"树立大教育、大培训观念，在提高全民思想道德素质、科学文化素质和健康素质的基础上，重点培养人的学习能力、实践能力，着力提高人的创新

---

① 陆娅楠. 中国仍是世界第一人口大国，占全球总人口的18% ［N］. 人民日报，2021－5－12.

能力"。人才资源是经济社会发展的第一资源，党的十九大报告把人才工作放到党和国家工作的重要位置，对包含技能人才在内的不同类型人才工作进行了新定位、提出了新要求、明确了新任务。在人才资源能力结构中，职业能力是关键内容，加强职业能力培养，对于加快我国人才资源能力建设，早日步入国际人力资源强国之列具有重要作用。

人力资源是第一资源，必须注重人力资源能力建设。人是社会历史的主体，也是生产力中最活跃的因素，一部社会发展史就是人类创造性能力发挥的历史。无论是中国思想家还是西方思想家都非常重视人的价值和作用，主张最大限度地开发人的智力，培养人的多方面才能。因为有效开发、配置和利用人的体力、智力、知识、技能、精神及潜能，对社会经济的发展具有十分重要的作用：人力资源是自然资源得以开发、利用和发挥作用的根本条件；国民经济增长和发展的主要潜力在于人力资源方面，不仅增加高质量的人力投入比增加物力投入取得的收益更大，而且知识的进展和技能的提高是经济增长的主要因素。开发人力资源是我国一项带有根本性的战略任务，我国是世界上人口资源大国，人力资源开发得如何，直接制约着经济发展。中国的经济前景将取决于成功地调动和有效地使用一切资源，特别是人力资源，否则，众多人口将成为一种沉重的包袱。只有以能力建设为核心开发人力资源，才能抓住机遇，实现经济社会的持续、健康发展。与其他国家相比较，人力资源是我国最具优势的资源。自然资源具有不可再生的特点，物质资源和资本的投入具有折旧性，惟有人力资源具有存量和增量的可再开发性，且可转化为其他社会财富。因此，必须确立人力资源"四个第一"的思想，即人力资源是经济社会长期持续发展的第一资源；全面开发人力资源是全面建设小康社会的第一任务；全面开发人力资源是实现富民强国的第一国策；全面开发人力资源是各级政府的第一责任[1]。

由于具有一定素质的"主体人"和客观的"人的活动的现实展开"是影响人的能力发挥与实现的两个重要因素，与之相应，"人"（能力的主体承担者）和"人的活动的现实展开"（能力发挥和实现的手段），便构成能力建设的两个基本方面或基本维度。换言之，能力建设，实质上就是对能力人的培育和对人的能力充分正确发挥所赖以进行的条件体系的创造[2]。前者是指把人口资源、人力资源和人才资源转化和提升为现实的能力，这是一种"转换能力"，涉及能力建设的过程与目标；后者指的是服务于能力建设过程和目标的条件体系的建设，实质是注重培育和提高人口资源、人力资源和人才资源开发本身的能力，这是一种"开发能力"，涉及能力建设的方式与途径。总的来讲，能力建设，就是主体通过各种行之有效的方式与手段，把人口资源转化为人力资源再进一步转化为人才资源，从而形成能力人和人力资本的一系列能动活动过程。

具体来说，能力建设的目标可确定为：它是一个从无到有的过程，即培育人的能力；一个从潜在到现实的过程，即发掘人的潜能；一个从小到大的过程，即提高人的能力；一个从片面到全面的过程，即发展人的能力；一个从不健全到健全的过程，即完善人的能力；一个从无序到有序的过程，即配置人的能力。同时，能力建设也是一个从个体能力向群体能力转换的过程，一个从工具理性到价值理性提升的过程。中国在加快经济社会发展的进程中，人力资源的开发和利用越来越显现出特殊的地位和作用。人力资源的开发，最根本的是开发人的各种潜能，提高人的生存和发展能力。从这个意义上说，职业能力建设是人力资源开发和人力资本积聚的主要内容。

1.1.2 知识经济的核心价值观——能力本位

知识经济是指建立在知识和信息生产、分配和使用之上的经济。知识经济是指区别于以前的以传统工业为产业支柱、以稀缺自然资源为主要依托经济的新型经济，它以高技术产业为第一产业支柱，以智力资源为首要依托，因此是可持续经济。实质上，知识经济就是以智力资源的占有、配置，以科学技术为主的知识的生产、分配和使用（消费）为最重要因素的经济，主要依赖知识的进步以及知识的生产能力、知识的积聚能力、知识的获取能力、知识的应用能力。

由于追求知识而使人成为有能力并在社会中起主导作用的人，因此，以人为本进一步就是以人的能力为本。知识经济时代是真正以人为本的时代，这样的社会本质上要求确立能力本位的核心价值观。知识经济认为人类社会的发展，已从对自然资源的依赖中走出来，走向对自身智力资源的开发和利用，智力资源成为经济增长的核心要素。知识经济的到来意味着操纵和支配社会和人的发展的力量由血统、权力、金钱转到能力上来，能力是知识经济时代支配和操纵社会和人的发展的主导力量。在知识经济时代，主要是能力的力量在起作用，社会的可持续发展依赖的是人的能力。人的价值观发生了变化，由过去对权力和金钱以及对物的崇拜转向对人及其拥有的知识和能力的崇拜，因而出现了能力本位的核心文化价值观[3]。（1）"能力本位"是一种价值取向。它要求冲破"官本位""钱本位"等一切妨碍发展的思想观念，确立靠本领立足的观念，要求由注重先天因素走向注重后天因素，由注重外在因素走向注重内在素质，由注重非能力因素（血统、出身、门第、人情、关系、特权、金钱）走向注重能力因素（奋斗、潜能、能力和业绩）。这必将使社会充满活力与生机。（2）"能力本位"是一种思维方式。它要求尊重人的基本需求、能力差异，创造个性、独立人格、努力奋斗和有所作为，要求解放人和开发人。这必将充分调动每个人的积极性、主动性和创造性，进而推动社会健康发展。（3）"能力本位"是人力资源合理配置的一种方式。它要求人的能力与岗位达到合理的配置，按能配岗，按能配工，从而做到你有多大的能力就给你多大的舞台，使人有用武之地。这有利于释放人的潜能，发挥人的积极创造性，进而促进生产力的发展。（4）"能力本位"是追求公正的一种积极努力。能力本位首先是针对由于非能力因素造成的不公正而提出来的一种强调机会和"回报"公正的理念，它强调人才资源的合理配置，注重人的后天作为，尊重每个人的独立人格、能力、创造个性和权利，倡导每个人凭能力立足，在这些意义上它体现为一种相对公正。强调能力本位依然是时代的强音。（5）"能力本位"是一种机制。它要求竞争上岗，能上能下，能进能出。显然，这种发展观念有利于促进当代中国的发展。

值得注意的是，此处的"能力本位"与我们职业教育界所耳熟能详的"能力本位"从内涵上有所区别，内容更加宽泛。"能力本位"（Competence Based Education，CBE）的思想和实践最初产生于 20 世纪 70 年代美国的教师教育。1972 年，美国师范教育协会组成"能力本位师资培训委员会"，专门从事能力本位分析，并以此改进师资培训。从抽象、理论的教学引向直接地处理教学，使其置身于真实的或模拟的课堂情景之中，通过对教学行为的不断纵向分析，在整体上掌握进行实际教学和教育的能力[4]。随着政府的不断推进，从起初用于培训师资，拓展改造用于培养基本能力、进行教学管理、开展成人教育、生计教育、培训企业内教学人员等多重目的。之后为世界许多国家所认同、效仿和发展，成为当代职业教育与培训的根源性的理论基础。

1.1.3 职业能力是人力资源开发的核心

进入 21 世纪以来，中国经济建设步伐加快，市场经济制度进一步完善。经济发展的实践表明，工业化、城市化、农业现代化发展，国家经济的繁荣，企业效益的提高，人力资源支持是基础。经济发展不仅对高技能人才的数量、规模提出旺盛的需求，而且对人才的结构、质量、素质和能力不断提出新的要求，要求人才培养工作、人才素质结构和能力水平不断适应经济发展提出的新需求。目前情况下，加强学生职业能力培养，普遍提高广大在校学生和在职员工的职业能力，对于造就一大批适应经济社会发展的高素质技能型人才，促进经济发展具有十分重要的现实意义。

当前，我国正处于由传统计划经济向市场经济转轨的后期，经济转轨带动我国社会加速转型，职业分化和社会分层正在成为社会转型的基本趋势。社会形态转变体现在职业分化上的一个突出特点是：适应工业化、城市化的需要，技术型、技能型成为一个独立的、稳定的和具有特殊作用的社会群体，他们的薪酬待遇和社会地位普遍不高，劳动待遇、技能状况不容乐观，需要职业教育和培训做出积极回应。从职业教育角度，需要加强学生职业能力培养，以改善新增劳动力能力状况，同时，需要通过在职培训，改善和更新企业在职职工的职业技能、知识结构，以提升其职业竞争能力，提高工资水平，为其社会地位的提高打下基础；从国家的角度看，加强职业能力培养，有利于普遍提高人口素质，特别是一线劳动力的综合职业素质，提高他们的生活水平，有利于全面建设小康社会，加快和谐社会构建步伐。

人是一切社会关系的总和，是生产力各要素中最活跃、最积极的因素。以前由于缺乏对职业能力的完整认识，对人力资源的开发也抓不到核心，因此培养出来的人才多是"半成品"。首先，培养没有目标，没有抓到培养的核心。用人单位也缺乏核心，不清晰自己的用人标准。现在说就业困难，其实岗位是有的，用人单位也很有需求，关键是找不到对口的人，这就是培养体系和用人体系缺乏对接，因此要解决这个问题，就是要找到两个体系的衔接点。我们知道，按照不同的标准，能力可以划分出不同的种类，在这些能力中，对个人所起的作用是有很大差异的，职业能力是最具有个性化的能力，与个人的具体生活关系也最紧密。在实践操作中，能够进行考核和评价的也多是个人的职业能力，个人由于其所从事的职业和岗位的不同，而使得对其所需求的职业能力也是不同的。因此，职业能力在众多能力中对个人的发展起着主导性的作用。

以职业能力为培养目标的职业教育是人力资源开发的重要途径。职业能力建设不只是职业培训的要求，应该是贯穿于各类教育和各级部门的共同要求。因此，一个完善的教育培训体系是实现职业能力建设目标的必要条件。在新的时期，要发挥政府、学校、企业、社会（团体、社区、私人等）等主体的各自优势，注重职业能力开发，形成既有竞争又能互补的职业能力建设网络。一般情况下，政府应承担公益性和通用性的职业能力建设，特别关注弱势群体和政策性转业人群的培训机会；学校主要承担基础性和系统性较强的职业能力建设，把职前和职后的教育培训联系成为一个整体；企业应该是职业能力建设的主要提供者，承担各种与岗位技能有关以及提高员工素质的在职培训；社会组织和私人提供的培训则是为了满足不同人群就业、转业和自我完善的职业能力需求。人们对职业能力建设的要求是多方面的，不同的职业能力建设机构就应该提供各具特色的服务，避免雷同、重复，更避免浪费职业能力建设资源。

我们要把人口大国变成人力资源大国，从人口大国到人力资源大国，再到人力资源强国的转变，实质上是人口质量的转变。人力资源强国，只有义务教育和高等教育是不够的，最重要的是职业教育这个基础性工程。在金字塔形人才结构中，培养的高端人才素质再高，博士数量再多，也不是人力资源强国。塔基这数以亿计的劳动者，是人力资源强国的基础。职业教育是建设人力资源强国的基础性工程，我国是人力资源大国，在劳动力数量上具有明显的国际比较优势，加快职业能力的培养，普遍提高劳动者素质，是把我国从人口大国变成人力资源强国，提高民族产业竞争力和国家核心竞争力的必由之路。

1.1.4　职业能力培养是实现人的全面发展的现实途径

我国职教界对"职业能力"的理解和使用，是在素质教育大背景下推进的。我国的教育模式长期以来一直存在着重知识轻素质和道德的教育、重共性轻个性教育、重知识的继承性轻知识的创新性教育、重成绩轻能力教育、重接受轻自主性教育、重选择轻责任教育、重体力轻心理教育等，结果造就了一批高分低能的"人才"。素质教育的概念提出以后，这一现象有所改观，但素质教育并不是教育的最终目的，而是为能力建设奠定基础和条件。教育的变革应从知识教育、素质教育逐步向能力教育倾斜，以培养个人的能力充分而全面地发展为核心内容。作为现代社会核心价值的能力，在社会发展和个人全面发展中的作用越来越大，这一点已达成共识。但是，人们对能力的重视多停留在能力的一般意义上笼统地来谈，很少对职业能力加以特别关注，甚至大多数人认为自己所从事的工作根本就不需要一定的职业能力，哪怕是以前所学的与此毫不相关，而只要肯学就能做好。每个人由于其所从事的职业和岗位的不同，而使得其所需求的职业能力也是不同的。因此，在个人的全面发展中职业能力是起着主导性的作用。职业能力的充分发展是人的全面发展的当代形态，也是人的全面发展理论的新的生长点和现实意义的空间。

1.2 研究的问题及意义

研究起源于问题，问题则来源于现实的需要。在上面所述的研究背景下，"职业教育视域中的职业能力研究"选题旨在将职业教育领域中的职业能力研究做初步的梳理，为学生的职业能力培养和评价由"应然"教育目标转化成"实然"的教育实践架起一座科学、可行的桥梁。为了这一宗旨，本书围绕三个问题展开：其一是厘定职业能力的内涵，构建职业能力的结构模型；其二是探索职业学校教育培养学生职业能力的原则、方式方法以及途径；其三是探讨职业教育的职业能力测评的原则、标准和方法，提出职业能力认证的制度设计。职业能力理论、培养、评价无疑是三个大的研究领域，其中包含的大大小小问题无数，鉴于自己的研究精力和能力，不能将这三个领域中所有的问题都囊括进研究工作中，而去掉任何一个方面似乎又不能完整地论述职业教育视域中的职业能力问题。至此，就面临着需要确定研究的主要任务和目标的问题，也就是自己在职业能力的研究上想解决什么问题，能够解决什么问题。对于这些问题的解决应当是研究工作的主要线索，也应当是本课题价值的体现。

职业教育要为建设人力资源强国做出贡献。职业教育具有鲜明的职业性，以就业为导向是职业教育的基本办学方针。我国教育界关于"职业能力"的专门研究就是始于 2000 年 3 月教育部《关于全面推进素质教育深化中等职业教育教学改革的意见》的颁布。近年来，职业教育学界关于职业能力的研究多有涉及，不乏卓见。总的来看，这些研究方法和结论等理论资源不足以指导职业教育管理和教学改革的实践。当前，学界关于职业能力内涵、形成和认证方面的研究结论和方法，不能很好回应当前变化着的职业教育事业的现实需要，不能适应社会转型、和谐社会建设、经济发展和复杂性社会问题的解决以及个人全面发展的需要。我们也不得不看到，职业能力理论尚处于开发阶段，对于许多问题都缺乏深入的研究，职业教育学界关于职业能力内涵与相关问题的研究，虽然初露端倪，仍然任重道远。

由于研究历程比较短暂，所以现有的相关研究既缺乏系统性也缺乏深入性。有近半数以"职业能力"为标题的文章居然根本就没有界定"职业能力"的含义，文章要么提出培养学生职业能力的价值，要么以经验总结的方式提供国外培养和评价学生职业能力的原则和经验。总的来说，当前我国对于职业能力的研究尚处于初始状态：其一，学术界关于职业能力的内涵尚未形成一致性认识，对于职业能力的理解各执其辞，职业能力概念本身缺乏内在的规定性。这使该领域的深入研究缺乏统一的学术规范和话语平台。其二，学术界尚未形成职业能力研究的有效方法和科学范式，这使得既定研究无法做出职业能力结构构成以及个体职业能力形成发展机制的科学结论，以至于职业能力相关问题研究的可信度和有效性大打折扣。其三，目前我国还没有组建成专门研究培养学生职业能力问题的学术团队，各方研究力量比较分散，研究质量无法得到切实保障。从理论研究的角度来看，与经济学、管理学等学科对各自研究领域内对职业能力的重视程度相比，职业教育学界对职业能力问题还没有给予高度关注。无论是在宏观方面，还是在微观方面，以及在研究的深度和广度方面，关于职业能力及其相关问题的研究都鲜有成果面世。针对这种现状，很有必要展开深入的研究。

这时，有关职业能力的各种认识上的分歧进入了思考的范围。这些分歧在内涵、课程、教学和评价领域中的体现是：有的研究者认为学生职业能力的培养需要的是活动课程，而学科课程不利于学生职业能力的培养；有的研究者认为接受学习的教学方法不利于职业能力的培养，职业能力培养需要的是体验学习，学科课程的教学也应如此；在学生评价上，有的研究者认为考试压制了学生的能力，职业能力的培养应当取消考试，在对学生的评价上应当关注的是表现性评价。对于这些认识上的分歧是应该进行研究和澄清的，这有利于职业能力培养的理论研究和实践工作的深入进行，而且根据对职业能力的认识和理解，自己也能够在这一方面进行一定的研究。因此，确定了以认识上的分歧作为主要线索，进行相关的理论研究，力求在以下几个方面有所作为：

首先，在职业能力的内涵方面：要在前人研究和广泛实践的基础上，定义职业能力的内涵，对其结构做出解释，并分析职业能力的特征。

其次，在职业能力培养方面：要探讨职业能力形成的内在机理，分析其影响因素，总结职业能力形成与积累的范式。要澄清学科知识是不是职业能力培养所必需的；学科课程是不是必然阻碍学生职业能力的发展；学科课程与实践课程在职业能力培养上需要形成什么样的关系；建立促进学生职业能力发展的课程模型。在教学方面：要澄清职业能力培养是不是需要接受学习；接受学习是不是必然阻碍学生职业能力的培养；与此相应的是否需要有对有利于职业能力提升的新的学习观念的理解。

最后，在职业能力评价方面：要澄清职业能力培养需不需要学业成就评价；学业成就评价是不是必然阻碍职业能力的培养；职业能力培养需不需要表现性评价；学业成就评价和表现性评价在职业能力培养中应当是什么样的关系；认证在职业能力培养过程中的重要作用，初步架构建职业能力认证的体系。

（1）界定职业能力概念，透视人才培养目标的基本内涵，有利于明确人才素质培养的重点。当前，一些职业院校办学和在职职工教育仍然不同程度地存在着普教化、学术化、学历化倾向，重知识、轻技能，强化分数、淡化能力的流弊尚未从根本上缓解。通过课题研究，清楚界定职业能力概念，揭示人才培养目标基本内涵，有利于引导职业院校转变教育观念，重新确定职业院校培养人才目标，在坚持全面发展的基础上，重点加强职业能力的培养，使得教育目标定位、内容调整、过程安排、制度设计以及教育环境的构建，更加符合教育发展、学校办学和人才培养的规律，符合技能型人才成才就业和企业用人的实际需要。

（2）揭示职业能力形成的基本规律，有利于构建科学、灵活、高效的技能型人才培养体系。以能力为本位，以质量为尺度，以适应岗位需要、国家经济社会发展需要为出发点，设计包括学历教育和在职学习在内的职业能力培养体系，优化教育内容、教育主体、教学方法、教学手段等教育环境中的各个要素，以提高质量为核心，安排职业能力形成过程的各个环节；特别是按照国务院《关于大力发展职业教育的决定》要求，结合当前教育部关于学生顶岗实习工作推进情况，深入分析以学校和课堂为中心的传统职业教育人才培养的弊端，研究校企合作、工学结合、半工半读的新型人才培养模式，以就业为导向，深化职业院校的教育教学改革，使得教育教学全过程更加符合职业能力形成和人才成长的基本规律。

（3）研究职业能力认证评价，有利于促进职业能力考核认定制度的多元化发展，增强其广泛的适应性。本书注重实证研究，认真分析当前国家职业资格、行业职业标准和企业职业认证体系运行现状，针对其中的不足和缺失，研究构建新型的职业能力评价体系框架，建立一个统一的资格证书体系，实行职业资格证书和学历证书并举的制度，完善学业资格与职业资格之间的转换，增强两者之间互补的灵活性和渗透性。在新的职业能力评价体系框架下，优化组织机构、认证标准、考试大纲、认证评价方法等，围绕职业能力建设，研究制定人才资源能力建设标准。提高职业能力评价的信度、效度和区分度，准确评价学生和职工的职业能力，为其就业、转岗、职业生涯持续发展提供服务支撑，并以此促进我国职业能力考核认定制度的开放多元化发展。

虽然目前学术界关于职业能力的研究尚处于起步阶段，标志性的成果并不多见，但是，在前人研究的基础上，结合我国职业教育的实践和国际职业能力研究的成果，探询其内涵特征、形成与提升的机理及其评价方式方法，不仅可以对学生职业能力的培养和宏观层面职业能力建设的制度设计提供有力的理论支持，还可以在一定程度上对职业教育研究的领域有所拓展，并最终对我国职业教育的改革与实践产生一些影响。

1.3 术语界定

在进行研究前，进行概念的界定是完全必要的，只有这样才能避免定义模糊造成理解上的偏差。

1.3.1 职业教育

职业教育是一种复杂的教育活动，对其概念的认识也是复杂多样的。目前，数十本职业教育著作和各种权威的教育词典对"职业教育"的定义都不尽相同。

任何研究需要首先确立这样的认识前提：职业教育是国家教育事业的重要组成部分，主要承担着培养数以亿计的高素质劳动者和数以千万计高技能专门人才的任务，是教育工作的战略重点。职业教育是面向人人、面向全社会的教育，与经济社会联系最直接、最紧密，与人民群众利益息息相关，是经济社会发展的重要基础，关系民生改善、社会稳定与和谐、全民学习终身学习的学习型社会的构建[5]。从经济发展的角度看，职业教育促进经济发展；从政治角度看，职业教育是提升国家综合国力的手段；从人的生存角度看，职业教育是实现人的全面发展的基本条件。促进社会发展和人的发展是职业教育的最基本的功能。

从历史上来看，我国近现代著名活动家和教育家黄炎培，是我国近代职业教育的首倡者，为我国职业教育学的发展做出了卓越的贡献。他借鉴西方职业教育理论，并根据自己的实践经验，形成了独具特色的职业教育理论。黄炎培提出："职业教育的定义，是用教育方法，使人人依其个性，获得生活的供给和乐趣，同时尽其对群之义务。而其目的：一谋个性之发展；二为个人谋生之准备；三为个人服务社会之准备；四为国家及世界增进生产力之准备。"[6]并指出职业教育的最终目的是使无业者有业，使有业者乐业。

从国际上来看，职业教育的概念是发展变化的。传统提法是职业教育（vocational education，VE）或职业技术教育（vocational and technical education，VTE）。1999 年第二届国际职业技术教育与培训大会上，联合国教科文组织正式文件中将沿用多年的"职业技术教育"（TVE）改为"职业技术教育与培训"（TVET）。此后，职业教育在国际上称为技术和职业教育与培训[7]。

从职业教育的实践角度来看，一般从广义与狭义两个方面来理解：广义上，它泛指一切增进人们的职业知识和技能，培养人们的职业态度，使人们能顺利从事某种职业的教育活动。因此，从社会现实来看，普通教育以外的任何专门教育（专业教育）都是职业性质的教育或职业教育。狭义上，它就是指学校职业教育，即通过学校对学生进行的一种有目的、有计划、有组织的教育活动，使学生获得一定的职业知识、技能和态度，以便为学生将来从事某种职业做准备。本书主要涉及狭义的职业教育。

1.3.2　职业能力

职业能力是职业教育中的核心概念之一，本书认为职业能力是指个人从事职业活动所必须拥有的本领，它是进行职业活动所必须具备的知识、技能、态度和身体能力的整合，其中包括基本职业能力和综合职业能力。

本书中职业能力对应的英文，指人的整体能力时用得较多的单词为"competency"，有时也用"competence"表示，在当代简明牛津英文词典中，"competency"和"competence"被定义为：（1）能够（做某事或完成某项任务）；（2）足够的手段和方式；（3）法律能力。在能力文献中，能力的含义已经大大拓展。

本书在一定程度上强调职业能力的结构性，以职业能力的内涵、培养和评价为研究内容，认为任何职业，既需要任职者具有一定的综合职业能力，又需要具有同具体工作和组织相关的基本职业能力。"key competence"在我国大陆译为综合职业能力或关键能力，而在我国台湾"key competence"一词译为素养。素养一词虽较概括性，但是比能力更不易界定，且不能体现行动性。经济合作与发展组织（OECD）的 DeSeCo（Definition and Selection of Competencies：Theoretical and Conceptual Foundations）即"能力的界定与选择：理论与概念的基础计划"直接使用"competence"，所出版的研究材料都以"competence"为对象。可见，"competence"的研究在心理学领域或教育领域已经成为共同的认识。

1.4 研究的视角与方法

1.4.1 研究视角

在论及社会科学研究时，德国社会学家马克斯·韦伯（Max Weber）在《社会科学认识和社会政策认识的"客观性"》一文中认为，"关于社会生活的各门科学的历史就是并且依然是借助概念的形成而尝试在思想上整理现实,由于科学视野的扩展和更移而废除已经获得的思想图像,以及在如此改变了的基础上形成新概念之间的不断变换。在关于人类文化的各门科学中,概念的形成取决于问题的提出,而问题的提出又是随着文化自身的内容发生变化的。"[8]该论断揭示了问题的提出和概念形成在社会科学研究中的重要意义。

虽然在 OECD 和世界银行等国际组织的支持与鼓励下,能力本位职业教育与培训从理念到方法在世界广泛传播,成为世界职业教育与培训改革的主导理念。但是,职业能力的内涵是什么?如何培养和评价?仍然是个理论黑匣和实践难题。迫切需要加强职业能力的理论研究,特别是研究职业能力内涵、如何培养和评价认证方式这些关键环节,来推动职业能力建设的整体进展,才是问题的根本出路。职业能力是人力资源开发的核心,是人才培养、使用和管理的重要指标,职业能力建设也是一项重大制度建设。本书从理论研究切入,试图在理论上搞清楚,究竟如何正确认识和科学界定职业能力以及其形成的内在机理。只有在理论认识上厘清,才能在实践中有合乎发展规律的具体实施以及测评和认证。

1.4.2 研究方法

采用什么样的研究方法取决于研究问题的性质,本书所研究的职业能力的内涵、培养和认证,是多因素、多功能相互作用的社会与心理过程,所采用的方法必然要适于分析与研究所面对的这些问题。

文献分析法:本书主要是以文本分析为基础,涉及哲学、心理学、教育学、管理学等方面的知识。笔者以职业能力的理解为主线，阐明其培养机制和评价机制，并纳入职业教育的研究领域，采取理论分析和例证说明相结合的方式进行论证。与前人和当代学者多学科的研究文本的对话以及观点的提取都是一个艰难的历程。

跨学科交叉研究：职业教育的逻辑与种种矛盾很难由教育本身得到解释。可以说，本书所选定的是一个跨学科的研究专题。

以问题和现象为线索的国际视野：虽然在研究中一直将比较作为一个最主要的研究和分析方法之一，但这种比较不是建立在国别分析的基础上的，而是更多地以一种国际的观点，根据相关职业教育制度的同质程度归纳为不同的模式，是对研究的概念、现象、问题的规律性的东西进行比较分析。

本书的基本结构包括：

第1章，绪论：介绍了本书的理论和现实背景，表明笔者选题的理由。提出了我国人力资源发展过程中面临的职业能力建设问题，论证了本书的意义和目的。进而交代了本书的主要内容、研究方法和可能的创新点。

第2章，能力研究的理论基础概述：分析和评述与能力有关的文献，这既是对研究论题价值的进一步分析，又是确定本书研究的起点。在文献综述中，首先对职业能力概念的起源进行了简要回顾，然后对职业能力的分类研究进行了综述，进而评述了相关文献。

第3章，职业能力理论研究与探索：分析职业能力概念提出的理论基础，在辨析相关概念、比较不同国家职业能力内涵、解读我国政策文本中职业能力内涵的基础上，提出本研究的界定和职业能力的若干特征。

第4章，职业能力的培养：在分析职业能力发展的相关理论认识的基础上，探讨了职业能力形成与提升的机理，力图通过对职业能力形成与发展过程的考察，来对多因素、多变量的职业能力发展作一种整体的、动态的刻画，为学生职业能力培养的有效或无效提供解释性答案。

第 5 章，职业能力的评价：简要回顾我国职业能力评价的发展过程，并在概念上厘清"考试""测评"以及"认证"的含义，然后提出在职业教育中对职业能力测评的原则、标准和方法，进而在比较不同国家职业能力认证的现实状况的基础上，从制度层面上提出职业能力认证的设计构想。

第 6 章，研究结论与建议：总结了本书的基本结论，还探讨了未来尚需研究的问题方向。

尽管一些学者对职业能力从不同学科都作了独辟蹊径的探讨，但在层出不穷的著作、论文中，要么是针对职业能力整体进行的宏观理论研究，要么是针对企业具体岗位的胜任能力的研究，没有专门从职业教育的视角针对职业能力的内涵、培养和认证的理论研究，因此本书的研究具有一定的探索性。

本书的局限性也是显而易见的，而且也是作者在选题时就清醒地意识到的。其一，因为职业能力是个复杂的研究对象，研究问题涉及内涵、培养与评价，几乎是其与职业教育领域相关的一切问题。因此，本书的研究视角必然导致理论的框架性质。其二，作者局限性。由于所研究的问题涉及心理学、教育学、管理学、哲学等多学科的问题，各个领域都有众多的研究者，理论纷繁，观点各异，作者只能就阅历所及讨论问题，局限性难免。不过，本书的目的不在"破"，而在"立"，因此直面客观事实而运思是主要的建构方式。

| 第 2 章 |

能力研究的理论基础概述

2000 年 3 月教育部《关于全面推进素质教育深化中等职业教育教学改革的意见》强调"中等职业教育要全面贯彻党的教育方针，转变教育思想，树立以全面素质为基础、以能力为本位的新观念"，第一次在国家文件中明确了职业教育"以能力为本位"的要求[9]。自此，职业能力也逐渐成为我国职业教育人才培养的重要目标。2002 年《国务院关于大力推进职业教育改革与发展的决定》在要求深化教育教学改革时，强调"加强实践教学，提高受教育者的职业能力"。2005 年《国务院关于大力发展职业教育的决定》，在论及"坚持以就业为导向，深化职业教育教学改革"时，明确要求"职业教育要为提高劳动者素质特别是职业能力服务"，强调"把学生的职业道德、职业能力和就业率作为考核职业院校教育教学工作的重要指标"。其实，"职业能力"还算不上是一个规范的学术概念，尽管哲学、心理学、管理学、教育学四大领域都对"知识""能力""职业能力"的研究有所关涉，但是其意旨和研究视角不尽相同。在哲学领域，一些学者开始从马克思主义思想出发，分析实践主体的能力结构；在心理学中，一些研究人员开始尝试探寻跨越不同活动领域所必须具备的

心理素质；在管理学的人力资源管理领域，人们专注于研究个体
要完成某项具体的任务必备的基本职业能力；在教育学中，人们
则着眼于通过注重实践能力培养的教育克服传统教育培养体系的
局限。本部分，我们力图跨越四大学科领域汲取思想精华，进而
能够从职业教育的视域关注职业能力的内涵、形成与积累以及测
评和认证，辨清本书的研究方向。

2.1　马克思主义哲学关于能力的理论

在当前基于能力的理论研究中，能力内涵和外延的界定远未
达成共识，不同的学者根据自己的研究需要从不同的角度来定义
能力，从而造成了当前研究和实践中能力概念模糊这一现象。研
究能力首先要研究"能力究竟是什么"的问题，而且要彻底弄清
能力的基本含义，深入探索能力的基本要素及其组成结构，真正
明确能力与智力、技能等相关概念的相互关系，进而科学界定能
力的概念，深刻揭示能力的本质。这既是能力研究领域的基本理
论问题，也是研究职业能力问题的逻辑起点。

《辞海》中将能力解释为"成功地完成某种活动所必需的个
性心理特征。分为一般能力和特殊能力。前者指进行各种活动都
必须具备的基本能力，如观察力、记忆力、抽象概括力等。后者
指从事某些专业性活动所必需的能力，如数学能力、音乐绘画能
力或飞行能力等。人的各种能力是在素质的基础上，在后天的学
习、生活和社会实践中形成和发展起来的。"[10] 在英语表达中，
描述能力的语汇很多，如"capacity, capability, ability, skill,
competence, faculty, talent, aptitude"等。不同的词汇表达了对

能力的不同理解或能力的不同方面。"capacity"侧重于天生的素质以及有待于发展的潜在能力。用于人时，指接受、吸收或完成某项任务的能力，尤指潜在能力或智力；用于物时，指容纳或生产的能力。"capability"多用于人，指胜任某项具体工作的能力，也指能做某事的素质能力或尚未发挥的天资或素质。"ability"在口语中使用较多，指能够从事或胜任某项工作的实际本领或才能，特别是指思维、行动、工作等方面的实际能力。"competence"强调"能力，胜任，称职"，指胜任某项工作所需的专业技能、知识、权利等能力。"skill"这个词汇使用频率较高，含义是：能干的，有能力的和有技术的。"talent"强调与生俱来的能力，尤其是在艺术上的天赋。"aptitude"则是指包含在学习、理解或表演中的天生的能力。

以上是从一般认知角度对能力的看法，不同背景的学者对能力研究的需要不同，因此关注的焦点也就不同。

2.1.1 "人的本质力量的公开展示"

由于能力的使用频率越来越高、使用范围越来越广，如今它的外延已经大为扩大，包容性极广。它既可以针对个体而言，也可以针对某一群体甚至一个国家而言。例如，"国家能力建设"、政党"执政能力建设"、"人力资源能力建设"、"职业教育基础能力建设"等。从哲学角度看，能力是指人确立对象关系和对象化的手段、过程及其结果。人类认识和改造客观世界、主观世界靠的就是人的能力。人类的活动成果，即物质文明和精神文明成果都是"人的本质力量的公开展示"。马克思主义哲学在研究人的能力时的用语是"主体能力"。在马克思看来，人的本质力量就是主体能力，"眼睛对对象的感觉不同于耳朵，眼的对象不同于耳的对象。每一种本质力量的独特性，恰好就是这种本质力量的独特本质，因而也是它的对象化的独特方式，它的对象性的，现实的，活生生地存在的独特方式。"① 主体能力作为"人的本质力量"，实际上是一种社会力量：主体与客体的对象性关系得以建立"取决于对象的性质以及与之相适应的本质力量的性质"②；主体活动的产物是"人的本质力量的公开展示"。主体能力使主体性的实现成为可能，主体性的发挥推动主体能力的发展，它们相互依赖、相互促进、辩证地统一于人的社会实践活动之中。"主体能力是在社会实践中形成而又潜在于人的机体内部并在主体与客体的对象性关系中表现出来的客观的能动的力量，是作为主体的人所具有的为了满足自己的主体需要而在一定社会关系中从事主体性活动的内在根据和内在的可能性。"[11] "只有凭借着这种力量，主体才能通过有目的的活动去能动地反映和改变客体，从而满足人的发展和社会发展的需要。"[12]

我们可以从能力的外在表现、发展变化和功能价值的角度来揭示何谓能力。

首先，从外部表现看，能力在人的对象化活动中得以表现和确证。人的活动（包括精神活动与物质活动）是人的能力的载体，素质是能力的潜在可能状态，要将潜能转化为现实的能力必须以活动为载体，人的能力只有通过各种认识与实践活动才能得到展现。因此，离开活动，人的能力就没有意义。没有能力介入的活动也就不能称其为活动，人之所以能从事各种认识、改造客观世界的主体活动，是以它具有相应的能力为前提条件的。人只有具备一定的意识和能力，才能成为活动的发起者、组织者和实施者、评价者和改进者，也才能从事一定的实践活动。也就是

---

① ②　马克思.1844 年经济学哲学手稿［M］.北京：人民出版社，2018：83.

说，只有具备一定认识能力和实践能力的人，才能具有对自己的反省意识，即对自己活动、思想、感情、需要的认识，对区别于其他存在物的性质、地位、作用和由此而形成的与其他存在物的关系的认识，才能揭示客观事物的本质、规律并按人的需要对客观事物进行观念的建构，并指导人的实践活动去改变不符合人的需要的客体。因此，这种对象化的实践活动本质不过是人的意识和能力的表现与确证，人的对象化活动的过程就是能力体现与实现的过程，活动的速度、准确性与有效性，以及达成对象目标的顺利程度等都体现了人的能力状况。在活动之前，任何人的能力都处于潜在状态，在这种状态下，都不能确切说出某人有什么能力或有多强的能力。只有在活动中，人的能力才能得到观察、衡量与确证。

其次，从发展变化看，能力在人的对象化活动中得以形成和发展。人的实践活动不仅产生并发展了对象化的世界和社会历史客体，而且还形成并发展了人的本质力量，使人获得了越来越丰富的能力。正如马克思所说："五官感觉的形成是以往全部世界历史的产物……一方面为了使人的感觉成为人的，另一方面为了创造同人的本质和自然界的本质的全部丰富性相适应的人的感觉，无论从理论方面还是从实践方面来说，人的本质的对象化是必要的。"[13]这说明，社会历史实践活动对人的能力的形成具有基础作用和决定作用。人的实践活动不仅通过生产实践活动，开发与提升了自己的认识自然和改造自然的能力，而且还为了生存与发展，通过交往实践形成各种社会群体，开发与提高了社会交往能力。与此同时，自然的人化过程与社会的改造过程也就是人的自我创造过程，即人在这一过程中使形成能力的知识、经验、技能、智力等和整合机制得到检验、丰富和完善，从而使能力得到不断的形成与发展。

最后，从功能价值看，能力是促进人和社会发展的根本且积极的力量。从能力对社会发展的作用看，能力是人顺利完成某项活动、认识世界和改造世界的本质力量，是生产力的根本源泉；从能力对人的发展的作用看，能力是人获得物质资料、从事社会生活的根本手段，能力的发展使人能够从外部世界中解放出来并充分认识人的内部世界，从而成为具有自由个性的人，能力发展到一定的程度和全面性是人的全面发展的标志。可见，从马克思主义的基本理论看，能力显然是促进人和社会发展的根本力量。同时，相比于曾经左右人生命运和社会发展的力量诸如"权力""金钱""人情关系"等，能力是具有积极意义的。

总之，能力是"人的本质力量的公开展示"。能力在人的对象化活动中得以形成和发展，只有在活动中，人的能力才能得到观察、衡量与确证。

2.1.2　关于主体能力内涵的理解

在人类社会发展史上，人的能力问题曾经是先进思想家们关注的领域之一。在马克思主义哲学语境中的主体能力具有极为丰富的内涵。

首先，主体能力只有在对人的社会本质进行考察时才能得到真正地理解。人在本质上是一切社会关系的总和，人的本质不在于他的自然性，而在于他的社会性。作为主体的人，是处于一定社会历史条件下从事认识与实践活动的人。人的能力的产生、形成、发挥和发展都离不开社会历史条件，离不开人类的社会实践活动。主体能力是作为社会主体的人所必须具有的，能够表现、实现和确证自己的社会本质的内在力量。

其次，主体能力只有在对主体与客体的对象性关系进行考察时才能得到充分的说明。人的社会关系是主体与客体之间的对象性关系，主体能力是主体与客体的对象性关系得以建立的必要条件之一。人的社会关系不是抽象的，而是具体的，它存在并表现于主体与外部世界不同客体的对象性关系之中。在对象方面，一是它的有用性，以满足主体的某一种需要；二是它的可知性，其内在的属性通过一定的外在形式具体表现出来，并且能够为主体所认识和把握。在主体方面，则不仅需要有对于对象的某一种需要，更重要的在于具有按照对象的存在方式认识和把握，乃至改变它的力量。由于主体与客体的对象性关系中最为基本的是认识关系和实践关系，所以主体能力是认识能力和实践能力的有机统一。

最后，主体能力作为主体需要和主体活动的中介，只有在其与主体需要和主体活动的关系中才能得到说明。主体能力是作为主体的人通过自己的对象性活动生产出对象性产品，以满足自己的对象性需要的内在依据。主体与客体之间对象性关系的建立，首先在于主体对客体的需要。主体为满足其本性的需要，通过积极、主动的活动取得一定的外界物。在主体需要与主体活动两者之间，存在着一个中介，这个中介就是主体能力。主体只有具备了一定的能力才能从事一定的活动，才能发挥其有用性和有效性。而且，主体活动的范围取决于主体能力的水平，主体活动的方式取决于主体能力的性质，主体活动的强度取决于主体能力的大小主体活动的成败取决于主体能力能否得到充分的发挥，主体活动的结果则是主体能力创造性的具体表现[14]。

职业能力则是人在职业活动中所必须具有的能够表现、实现和确证自己的主体能力，是人这一主体与职业活动客体两者之间的中介。

2.1.3　教育与生产劳动相结合

教育与生产劳动相结合是马克思早在一个多世纪以前作出的科学论断，对中华人民共和国成立之后我国的教育事业尤其是职业教育产生过重大影响。生产劳动是人类最基本的职业实践活动，它不但对社会、对生产具有重要作用，而且是人的智力和体力发展的源泉。马克思从欧文的教育与生产劳动相结合的实践中看到，这是社会发展的未来方向。他指出："正如我们在罗伯特·欧文那里可以详细看到的那样，从工厂制度中萌发了未来教育的幼芽。未来教育对所有已满一定年龄的儿童来说，就是生产劳动同智育和体育相结合。它不仅是提高社会生产的一种方法，而且是造就全面发展的人的惟一方法。"[15]恩格斯在《反杜林论》中曾讲到，"生产劳动给每一个人提供全面发展和表现自己全部的，即体力的和脑力的能力的机会。"[16]列宁指出，"没有年轻一代的教育和生产劳动的结合，未来社会的理想是不能想象的：无论是脱离生产劳动的教学和教育，或是没有同时进行教学和教育的生产劳动，都不能达到现代技术水平和科学知识现状所要求的高度。"[17]教育与生产劳动相结合可以说体现了职业教育的基本要求，也是现实中职业能力形成与提升的有效途径。无论是苏联还是我国，人民政权建立之初，"教劳结合"都以大政方针的形式被加以突出强调和贯彻落实。十月革命之后，列宁在《联共（布）党纲草案》中具体规定"对未满十六岁的男女儿童实行免费的普遍义务综合技术教育""把教学工作和儿童的社会生产劳动紧密结合起来"。在我国，1958 年中共中央、国务院《关于教育工作的指示》，把党的教育工作方针确定为"教育必须为无产阶级政治服务，必须同生产劳动相结合"。"教劳结合"在学校的实施主要通过专设生产劳动课、建立校办工厂或农场、组织勤工俭学和社会公益劳动等途径。尽管在实施中遭遇了曲折和困惑，但是马克思主义建立在对现代工业、现代社会运行发展基本规律深刻分析基础上的"教劳结合"思想在今天仍具有鲜明的预见性和强大的生命力，也蕴含着对人的职业能力的培养，其思想内涵为我国职业教育培养学生职业能力提供了可资借鉴的宝贵经验。马克思主义在造就全面发展的人的过程中，特别强调教育同生产劳动有机结合的重要性，马克思和恩格斯在《资本论》中强调：教劳结合"是提高社会生产的一种方法"和"造就全面发展的人的唯一方法"①。全面发展是人的身体和精神各个方面都获得统一和充分的多方面发展，从身体的发展说，"为了在对自身生活有用的形式上去占有自然物质，人就使他自己身上的自然力——臂和腿，头和手运动起来。当他通过这种运动作用于他身外的自然并改变自然时，也就同时改变他自身的自然。他使自身的自然中沉睡着的潜力发挥出来，并且使这种力的活动受他自己控制。"②在生产劳动、改造自然的过程中，人进一步认识了自然的属性，认识了人与人之间的关系，发展了自己的思维方式和智力，锻炼出新的品质，人的广泛的社会和生产志趣与才能得到充分发展。总之，参加生产劳动的实践是人的发展的重要条件。在促进人的全面发展过程中，明确教育与生产劳动两种力量各自的功能和彼此间的关系，进而实现教育与职业两者的融合。"教劳结合"在实施中遗留的问题也为当前培养学生职业能力提供前车之鉴。"教劳结合"在推行过程中凸显三大问题：其一，知识教

---

① 马克思，恩格斯．马克思恩格斯全集（第二十三卷）［M］．北京：人民出版社，1972：530．
② 任钟印．《临时中央委员会就若干问题给代表的指示》中的教育问题——纪念马克思逝世一百周年［J］．教育研究与实验，1983（1）：4．

学与生产劳动的比重确定不清；其二，科学合理、便于操作的"教劳结合"指标评价体系未能建成；其三，学校教育与生产劳动相结合的具体路径尚存争议。必须加强科学系统的研究，切实剖析职业能力构成要素与发展规律这一难题，以便从根本上解决课堂讲授与学生实习实训等实践活动在学生职业能力形成和发展不同阶段所占权重，以及如何为不同年龄发展阶段的学生恰当选择促成其职业能力发展的策略和方法等问题。

2.2　心理学关于能力的理论

心理学范畴的能力是指人的个体的能力。从内容上来看，它不仅包括人的实际能力，也包括人的心理潜能。"能力"是心理学研究的主要范畴，不少普通心理学著作中均设一章专门介绍"能力"。

但是令人疑惑的是，相关心理学教材总是将"能力"与"智力"的概念加以并列或者互换。究其原因，我们认为很有可能是"受苏联心理学观点的影响，即认为能力就是智力。"[18]值得说明的是，在不同的智力学说中，其赋予能力的含义又不尽相同。大致有三种界定：其一，能力大于智力，一般能力即智力；其二，能力是构成智力的下位要素，能力即能力要素（因素）；其三，在特殊能力领域，提出能力概念，将能力视为能力倾向。我国心理学界普遍认为"智力偏于认知，它着重解决'知'与'不知'的问题，它是保证有效认识客观事物的稳固的心理特征的综合；能力偏于活动，它着重解决'会'与'不会'的问题，它是保证顺利地进行实际活动的稳定的心理特征的综合。"[19]《中国大百科全书》解释为"它是作为掌握和运用知识技能的条件并决定活动的效率的一种个性心理特征",而"活动的效率是指活动的速度、水平以及成果的质量"。[20]

人的能力与人的知识、技能是截然不同的概念。人们的"知识是人脑对客观事物的主观表征;技能是人们通过练习而获得的动作方式和动作系统,技能也是一种个体经验,但主要表现为动作执行经验;能力是顺利实现某种活动的心理条件。"[21]三者的区别表现在三个方面:第一,"从生理机制上看,人的知识、技能赖以获得的神经机制,是形成暂时神经联系的动力定型,而能力的神经基础是暂时神经联系形成和巩固过程中表现出来的某些特性。第二,从概括化的内容与结果上看,人的知识是对客观现实的反映中,对相应经验的概括化结果,人的技能是在行为方式的练习巩固过程中,对相应行为方式的概括化结果,而人的能力则是调节行为、活动的相应心理过程的概括化结果。第三,从迁移的特点上看,人的知识与技能的迁移范围都比较窄,它们只能在类似的活动、行为或情境中发生迁移作用。人的能力则不同,它是渗透到身心活动各个方面的生理与心理特征,具有广泛的迁移性和适应性。"[22]

人的能力、知识、技能三者之间还存在一定的联系。首先,人的能力的形成与发展依赖于人的知识、技能的获得。人们那些能够广泛应用和迁移的知识和技能有可能转化为能力。其次,人的能力的高低又会影响到他们掌握知识、技能的水平。

心理学主要是从微观和技术层面上来研究能力。理论心理学家们关注的核心是能力是否是处于任务环境中的个人外在绩效的解释变量,或者能力能否代表人的某些方面的内在特质。差异心理学家将研究重点放在人的差异上,尤其是在难以培养的能力上。这一学派的学者们强调智力、认知和体格能力、价值观、个性特质、动机、兴趣和情感品质。也就是说，他们注重的是人的内隐能力和内在驱动力，而不是知识，他们也注重研究能够将业绩出众者和普通业绩者区别开来的品质。

关于什么是能力，目前心理界尚无统一的概念，其中较有影响的界定方式主要有三种：一是"潜能说"。这种观点认为能力就是潜能，就是"人在特定情境当中无数可能行为的表现"[23]。二是"动态知识技能说"。这种观点认为能力不是表现在知识、技能本身上，而是表现在掌握知识、技能的动态上，即操作的速度、深度、难度和巩固程度。持这种观点的有苏联心理学家彼得罗夫斯基等①。三是"个性心理特征说"。这种观点认为能力是"作为成功地完成某些活动的条件的那些个性心理特征"，或"能力是符合活动要求影响活动效果的个性心理特征的综合"。持这种观点的有苏联心理学家斯米尔诺夫和我国学者李孝忠等②③。

目前在我国影响最大，使用最多的是第三种观点，即"个性心理特征说"。"个性心理特征说"对能力概念的解释是：首先，能力是和活动紧密相连的，离开了具体活动，能力就无法形成和表现。例如，一个有绘画能力的人，只有在绘画活动中才能施展自己的能力；一个教师的组织能力，只有在教育教学活动中才能显示出来。其次，能力是顺利完成某种活动直接有效的心理特征，而不是顺利完成某种活动的全部心理条件。因为成功完成某种活动受许多主观因素的影响，如知识经验、性格特征、兴趣与爱好等，但这些因素都不直接影响活动的效率，不直接决定活动的完成，而只有能力才有这种作用。例如，思维的敏捷性和言语

---

① 彼得罗夫斯基. 普通心理学［M］. 北京：人民教育出版社，1981.
② A. A. 斯米尔诺夫. 朱智贤译. 心理学［M］. 北京：人民教育出版社，1957：448.
③ 李孝忠. 能力原理与测量［M］. 长春：东北师范大学出版社，1993：2.

表达的逻辑性，是直接影响教师能否成功地完成教学任务的能力因素。如果缺乏这种因素，就无法顺利有效地完成教学任务。人的能力在心理学中往往被区分为实际能力与潜在能力两个纬度。实际能力是指已经发展出来或表现出来的能力，如能打篮球、会开汽车等，代表个人当前"所能为者"；潜在能力是指各种实际能力展现的可能性，是在一定条件下某人的某种行为可能达到的水平，代表个人将来"可能为者"。在现实生活中，潜在能力和实际能力是紧密相连，不可分割的。潜在能力是实际能力形成的条件和基础，而实际能力是潜在能力的展现，潜在能力只有通过学习才能变成实际能力。

对能力技术层面的研究主要是关于能力结构（即能力框架）理论，各国心理学家有不同的见解，仅举两例：

（1）二因素理论。1927年，英国心理学家斯皮尔曼（C. Spearman）运用因素分析的方法，提出能力结构的二因素理论。他认为能力包括两个因素，即一般因素，又称G因素；特殊因素，又称S因素。G因素是每种心智活动所共同具有的，S因素则是因心智活动不同而各异，它指专门领域的知识。完成任何一项作业都是以上两种因素决定的。例如，完成一个数学推理作业需要G+S1，完成一个言语作业需要G+S2，完成第三个作业则需要G+S3，这几个测验的结果出现正相关，是由于每个作业中都包含有一般因素G，但三者又不完全相关，是由于每个作业中都包含不同的、无联系的S因素。由此，斯皮尔曼得出G因素是能力结构的基础与关键，是一切能力活动的主体（见图2-1）。

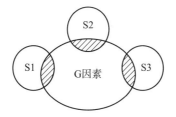

图 2 - 1　斯皮尔曼能力结构

资料来源：李孝忠．能力心理学［M］．西安：陕西人民出版社，1986.

（2）智力层次结构理论。美国心理学家弗农（Vernon）提出的。弗农把斯皮尔曼的一般能力因素作为最高层次；在一般能力因素层次之下的层次包含了两大因素群，即言语和教育方面的能力因素、操作和机械方面的能力因素；第三层是小因素群；第四层是特殊因素。弗农的智力层次结构理论实际上是斯皮尔曼的二因素理论的深化（见图 2 - 2）。

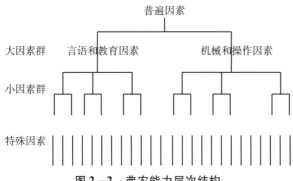

图 2 - 2　弗农能力层次结构

资料来源：李孝忠．能力心理学［M］．西安：陕西人民出版社，1986.

能力结构包含的要素众多，内在结构复杂，心理学家有各自的观点和研究路径，这些研究表明能力的复杂性，能力作为符合活动要求并影响活动效果的个性心理特征的综合，是在个体中固定下来的概括的心理活动系统，它与知识、技能既有联系又有区别。技能是由于练习而巩固了的行为方式，能力不是行为方式巩固了的结果，而是借以调节行为和活动的心理过程巩固的结果。如果说技能是通过反复练习而使行为方式固定下来，那么能力的形成便是调节行为方式的相应的心理过程的概括化，从而达到从一种活动到另一种活动的迁移，并在个体身上巩固下来。知识是头脑中的经验系统，而能力则是调节认识活动的心理活动的概括化体系。如果说学会一个数学公式，掌握推导这个公式的步骤，以及推导过程中需要用到的一切其他公式等都属于知识范畴，调节推导过程的分析、概括活动的动力因素便属于能力的范畴。

在心理学家看来，能力、知识、技能是相互联系、相互转化的。能力是掌握知识的必要前提。没有最起码的感受力、记忆力，感性知识是无法获取的。没有一定的比较、抽象和概括能力，理性知识也难以掌握。能力的高低也是影响学习成绩的重要因素，它制约着掌握知识的快慢、难易、深浅和巩固程度。同时，掌握知识的过程也会导致能力的提高。但二者的发展却不可能一致。具有同等知识、技能水平的人，不一定具有相同的能力；而具有相同能力的人，不一定具有同等水平的知识、技能。

从上面所述的心理学中关于智力和一般能力的研究理论和结果可以看出，所谓能力，并没有一个公认的和被普遍接受的定义，被普遍接受的只是认为能力都是同能够顺利完成某种工作或某项活动相联系的，各种能力并不简单地并列存在，而是相互联系、相互影响、相互融合，才能够保证活动的顺利完成。

2.3　管理学关于能力的理论

由于"能力"的发展和形成是一个相当复杂的系统过程，"能力"问题的兴起一开始就受到宏观和微观各方面的重视，波及面相当广泛，在人力资源理论研究领域有人将其称为"能力运动"（competence movement）。"能力运动"指在有关职业和工作情境中如何组织教育、培训和发展活动的一系列理念和实践，这一运动的出发点是为了使教育、培训和发展活动同工作具有更大的相关性。而这个相关的点就是"职业能力"（或称"胜任力"）的提出和广泛的应用。在 1973 年，麦克里兰（McClelland）博士在《美国心理学家》杂志上发表一篇题为《测量胜任力而不是智力》（*Testing for Competency Rather Than Intelligence*）的论文。在文章中，他用了大量篇幅分析了传统的用智力测验来判断个人能力的不合理性，并进一步说明人们主观上认为能够决定工作成绩的一些人格、智力、价值观等方面因素，在现实中并没有表现出预期的效果。因此，他强调离开被实践证明无法成立的理论假设和主观判断，回归现实，从第一手材料入手，直接发掘那些能真正影响工作业绩的个人条件和行为特征，为提高组织效率和促进个人事业成功作出实质性的贡献。这篇文章的发表，标志着胜任能力运动的开端。[24]

在 1973 年胜任能力体系确立不久之后，麦克里兰博士创办了自己的咨询公司，专门从事胜任能力体系的研究和实际运用，把胜任能力（competency）模型作为商业化的技术向企业、政府机关和其他专业组织公开。他们根据早期的"关键事件法"开发了"行为事件访谈"的新方法。在随后的十几年中，许多研究都沿用该方法。1976 年，麦克里兰博士出版了专著《职业胜任能力测评指导》（*AGuide for Job 25 Competency Assessment*），标志着胜任能力理论和方法论向实践过程的转移和渗透。1982 年，理查德·鲍伊兹（Rechard Boyatzis）出版了著作《胜任的经理人》（*The Competent Manager：a Model for Effective Performance*），提出了胜任能力理论（competency theory）。在这一著作中，笔者对胜任能力给出这样的定义："一个人所具有的内在的、稳定的特性，它可以是动机、特质、技能、自我印象、社会角色或是此人所能够运用的某项具体知识。"[25]

这一定义很全面，但过于宽泛，给胜任能力体系后面的研究造成一定的影响，因此也受到其他一些学者和专家的批评。在这一阶段，人们对胜任能力体系的有关问题进行了大量探讨。同时，在这一时期，胜任能力理论与体系也迅速扩展到世界许多国家和地区，出现了大量的胜任能力模型库。1993 年，美国心理学家斯班舍（Lyle M. Spencer）在其著作《工作胜任能力》（*Competence at Work*）中给出了一个较完整的定义，即胜任能力是指"能将某一工作（或组织、文化）中卓越成就者与表现平平者区分开来的个人深层次特征，它可以是动机、特质、自我形象、态度或价值观、某领域知识、认知或行为技能，即任何可以被可靠测量或计数的并且能显著区分于一般绩效的个体的特征。"[26]每一个职业都有它区别于其他职业的胜任能力。

直到 1994 年麦克里兰和斯班舍合作发表了《胜任能力评估方法》（*Competency Assessment Methods*），又一次对胜任能力加以定义：胜任能力可以是动机、特质、自我概念、态度或价值观、具体知识、认知或行为技能——也就是可以被准确测量或计算的某些个体特征，这些特征能够明确地区别出优秀绩效执行者和一

职业教育视域中的职业能力研究

般绩效执行者，或者说能够明确地区别出高效率的绩效执行者或低效率的绩效执行者。在此书中，麦克里兰和斯班舍对胜任能力体系的发展和创新进行了总结，分析了胜任能力理念与研究成果在人力资源管理各领域内的运用和未来的胜任能力研究。在应用方面，主要介绍了人职匹配、招聘/甄选、继任者规划/晋升、培训开发和职业生涯、绩效评估和基于胜任能力的薪酬管理问题。

国际人力资源管理研究院（IHRI）编委会综合各家观点，认为胜任能力定义应该是：个体所具备的、能够以之在某个或某些具体职位上取得优秀绩效表现的内在的稳定特征或特点，可以包括技能、知识和态度，思考方式和思维定式，内驱动力、社会动机和意识等具体结合。从这个综合的定义可以看出，这些组合的要素已经被归结为四个层次，可用图 2 – 3 表示。尽管文字表述和关注点上有所差异，但其内涵上与 CBE 理论对能力的界定是相似的。

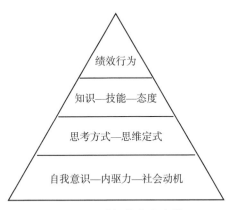

图 2 – 3　胜任能力金字塔

资料来源：许萍. 会计人员能力框架问题研究［D］. 厦门大学，2006.

从胜任力的各种定义可以看出：胜任力概念的涵盖范围很

广，包括知识、技能、能力、个性、价值观和动机等各种与个体所从事岗位的工作绩效有着密切相关的要素。从胜任力的定义可以看出胜任力的几个特征：首先，胜任力的工作绩效关联性，只有与工作绩效相关的个体特征才成为胜任力要素；其次，胜任力的概念包含着对于任务、岗位或职务要求"胜任"的含义，即针对外部标准来看综合性的能力，更多地体现了实证主义哲学思路；最后，胜任力概念更加强调综合性。

2.4 教育学关于能力的理论

美国教育家布鲁姆（Bloom）曾经建议把人类的能力分成三大领域：认知能力、情意能力、技术能力三大领域。这三大领域是教学过程中学生学习的范围，不论学生学什么，其学习的内容均离不开此三大领域的范围。此项建议获得普遍认同，不过布鲁姆教授强调，把它们分成三大领域的基本理由是重心问题，而不是类别界限分明的问题。例如，认知能力只是强调知识在该能力中的成分比较高而已，它与技术能力或情意能力实无明显的类别界限。凡属知识方面的学习成果，如知识、了解、思考均归属于"认知能力"；凡属情感方面的学习成果，如兴趣、欣赏、信仰、态度和价值意义等均纳入"情意能力"；凡属技能或技艺与体能等的学习成果，也皆列入"技术能力"。三大领域的能力均是教学目标和学习目标，只不过在具体过程中需继续加以细化[27]。

人作为世界上最高级的生命有机体，身体的诸多生理器官生来就具有一定的力量（对自身而言即是具有某一功能）。对外来说就是具有某种能力或者本领，如耳有接受声音信息的能力（听力），眼有观察事物的能力（看力），口有言语表达能力（说力），脑有动机、思考、想象、记忆、意志等能力（脑力或心理能力），手有实际操作能力（做力），腿有行走运动能力（行力），整个身体又有力气或气力（体力）。我们把人所具有的听力、看力、说力、脑力、做力、行力、体力等这些能力叫作人的基本能力。

就是说，任何活着的人都具有一定的能力。从这一角度来说，能力主要是指人类能够完成某种活动所具有的本领，也就是人所具有的顺利完成某项活动所必须具备的功能与力量。可见与心理学范畴能力研究不同，在教育学方面，有"功能说"和"本领说"。"功能说"认为能力是指由个体内在结构诸要素而形成的确立对象性关系和对象化的功能，包括个体的体力、认知能力、情感能力、意志能力和行为能力。"本领说"认为"能力，通常指完成一定活动所具有的本领、力量。它包括完成一定活动的具体方式以及这一活动所必需的生理、心理素质条件。"① 能力是"顺利完成某种活动的本领，它是指人准确、快速、有意识地完成某种实践性或思维活动所必需的诸要素的组合，是包括智力、非智力、知识、技能、行为等多因素的复合体。"② 可见，能力的"功能说"和"本领说"在一定程度上接近能力的本质特征，但缺乏深入的阐明。

人的能力不仅是多种多样的，而且是分层次的、有结构的。人的能力正是在自然基本能力的基础上，进一步形成和发展基础能力、专业能力以及创造能力等一系列的具体社会能力，从而形成一个"金字塔"式的结构系统。并且，人的能力的形成与发展

---

① 袁贵仁. 人的哲学［M］. 北京：工人出版社，1988：226.
② 刘晋伦. 能力和能力培养［M］. 济南：山东教育出版社，2001：3 – 5.

是有规律的，主要有自主活动形成律、变革对象发展律、创造活动激增律、逐层递进发展律、先后结合高效律、系统知识促进律、理论指导加速律、社会需要制约律[28]。

马克思主义哲学从人的本质的角度提出能力是"人的本质力量的公开展示"；心理学家从人的个体角度提出了不同的学说和能力结构理论，使得能力研究能够从微观和技术层面不断深入；人力资源管理学家则主要是进行工作描述和工作评价，目的在于确定正确的工作方法，产生的能力模型包括任务清单、活动清单和对有效业绩完成过程与工具的描述。完成工作所需要的知识、技能和态度是工作描述的一部分，他们从技术和政治两个方面考察组织层面的宏观问题，能力被用于设计组织的人力资源系统；教育学家们则着眼于通过注重能力培养的教育克服传统教育培养体系的局限。

| 第 3 章 |

职业能力理论研究与探索

　　尽管在人们的大多数生活经验中都含有能力的意义，但人的能力却是一个非常复杂的问题，在不同的语境中有不同的内涵。在职业教育学的语境中究竟做何解释？在职业教育学建设时期这是一个不易达成的目标。本书认为，要揭示职业能力的实质，必须坚持三个基本前提：一是必须坚持辩证唯物主义思想，以马克思主义为指导，避免走向唯心论和简单论。二是必须把职业能力作为对职业活动进程直接起稳定的调节作用的个体机制来考察。这样既可以避免把职业能力与生理因素、先天因素等相混同，也可以避免把职业能力与其他个体心理特性相混同，还可以避免把职业能力实质简单化为个体经验的实在。三是必须坚持把职业能力的实质与其形成、发展的条件相区别，以避免模糊其本质。由于职业能力本身的复杂性，使人们对于职业能力问题的争论很多，争论的焦点主要是关于职业能力的内涵，本章试图从职业教育的视角诠释基于我国文化背景下职业能力的内涵，提出对这一概念的本质和特征的初步理解，进而才能够真正把握职业能力形成和积累的基本规律，才能在职业教育的实施过程中明确方向和目标，从而选择适当的培养和评价的方法和途径。

3.1 职业能力理论的形成与演进

任何一个概念的产生与不断完善，均由多种理论的研究成果积淀而成。职业能力这一概念的产生与发展也从众多的理论发展中汲取了丰富的思想，职业能力是人类生存所需的核心能力之一，人们职业能力的发展水平不仅决定社会生产效率，决定国家人力资源的水平和质量，而且影响其自身的生命质量。人类社会进入工业革命以后，哲学、社会学科的研究者们探讨个体能力的构成要素的兴趣日渐浓厚。本节仅对职业能力理论的发展进行阐述，总结国内学者在内涵、培养和评价等方面对职业能力进行的研究。

3.1.1 发展中的职业理论

"职业"一词产生于工业经济时代，源自实务领域中对个人职业选择所进行的咨询指导。职业一词起初是以"vocation"的面孔出现在 19 世纪末 20 世纪初的美国。当时美国正处于工业革命化过程中和工业革命初期，不断涌现和壮大的产业工人队伍对职业咨询和指导产生了需求。为个人提供职业咨询服务和指导、帮助个人进行职业规划的职业实践活动持续了近半个世纪。直到 20 世纪 50 年代，在以萨伯（Super）为代表的学者们开始系统阐释和研究职业发展理论。"职业"一词也正是在此时以"career"的面孔出现。早期的职业理论，主要是指导个人进行职业选择的职业选择理论，是从个人视角对个人职业决策、职业行为的考察，是社会心理学研究的一个重要领域。职业理论进入管理理论的领域较晚，系统的职业理论在 20 世纪 70 年代末才在管理领域中受到关注，组织层次的职业管理理论开始形成。

"职业"一词中，"职"字含有责任、工作中所担当的任务之意；"业"字有行业、业务、事业之意。在英文中，"occupation，vocation，career"都可译为"职业"，但其侧重点不同。"occupation"主要指在社会制度和社会分工层面上职业分类概念，是较宏观的概念；"vocation"要指个人的职业及心理学上的职业兴趣和能力等方面，是较微观的概念；"career"则更多强调一个人在工作领域中的职业经历，指个人一生中所从事的职业、工作和职位构成的系列。学者们对"职业"内涵的界定也有所不同。我国职业教育之父黄炎培先生认为，"职业"一词包含对己谋生与对群服务两个方面，其"外适于社会分工制度之需要，内应天生人类不齐才性之特征"①。美国教育家杜威（Dewey）认为，一种职业也必须是信息和观念的组织原则，是知识和智力发展的组织原则，职业给我们一个轴心，它把大量变化多样的细节贯穿起来，它使种种经验、事实和信息的细目彼此井井有条[29]。美国社会学家泰勒（Tylor）认为，职业是一套成为模式的与特殊工作经验有关的人群关系[30]。美国社会学家赛尔兹认为，职业是一个人为了不断取得个人收入而连续从事的具有市场价值的特殊活动[31]。道尔顿和汤普森（Dalton & Thompson）结合个人能力的发展，从能力角度将个人职业划为 4 个阶段。第一阶段为学徒（apprentice），第二阶段为同事（colleague），第三阶段为管理者（mentor），第四阶段为引导者（sponsor），每个阶段中个人期

---

① 中华职业教育社. 黄炎培教育文集（第四卷）［M］. 北京：中国文史出版社，1995.

望完成的过程、参与的关系类型以及心理的调整都不同[32]。职业是指具备劳动能力的个体一生所从事的工作、岗位和所扮演的一系列角色的综合；职业既是个体运用自身的知识、技能与态度从事社会生产服务、为社会创造物质和精神财富的持续性活动，又是个体扮演一定的社会角色、履行自身社会责任的场所；职业本身就是最富有生命力和主动性的知识信息的组织原则，也是人的能力发展的最佳组织原则。"职业"有不同的种类，如政治家职业、科学家职业、教师职业、经理职业、工人职业、农艺师职业、医生职业等；而且，随着社会的发展，职业的种类在不断地消失与产生；每一种职业都有自己的从业规范，并有相应的职业能力的要求。因此，职业具有技术性、经济性、连续性、社会性、同一性、差异性、层次性和时代性等特征。

《中华人民共和国劳动法》第八章第六十九条规定："国家确定职业分类，对规定的职业制定职业技能标准，实行职业资格证书制度，由经备案的考核鉴定机构负责对劳动者实施职业技能考核鉴定。"《中华人民共和国职业分类大典》1999年5月正式颁布。将我国职业归为8个大类，66个中类，413个小类，1838个细类（职业）。8个大类分别是：第一大类，国家机关、党群组织、企业、事业单位负责人，其中包括5个中类，16个小类，25个细类；第二大类，专业技术人员，其中包括14个中类，115个小类，379个细类；第三大类，办事人员和有关人员，其中包括4个中类，12个小类，45个细类；第四大类，商业、服务业人员，其中包括8个中类，43个小类，147个细类；第五大类，农、林、牧、渔、水利业生产人员，其中包括6个中类，30个小类，121个细类；第六大类，生产、运输设备操作人员及有关人员，其中包括27个中类，195个小类，1119个细类；第七大类，军人，其中包括1个中类，1个小类，1个细类；第八大类，不便分类的其他从业人员，其中包括 1 个中类，1 个小类，1 个细类。随经济社会发展和技术进步而形成的新的社会群体性工作，出现全新职业，同时，原有职业内涵因技术更新产生较大变化，从业方式与原有职业相比已发生质的变化而出现更新职业。2015 年新版《中华人民共和国职业分类大典》维持 8 个大类不变，新增 9 个中类、21 个小类，新增 347 个职业、取消 894 个职业，共计减少 547 个职业。从历史的角度看，职业种类的增长在加快，单个职业的范围在缩小，而知识和技能含量却在不断增长，对职业能力的需求在不断提高。

科学研究的历史表明，随着研究的深入，更深入的、新的研究问题会不断出现，相近领域的研究交汇融合趋势明显。这一特点在当前的人力资源开发理论、职业发展理论、职业教育理论、知识管理理论的研究中得到了充分体现。随着这些领域中理论研究的深入，这些理论的发展都面临着一个共同的问题：如何理解、培养、评价和发展人的能力，尤其是职业能力。近年来，对职业能力的研究已在很多国家和行业领域中广泛开展，这些研究中一类是侧重于对行业能力模型的构建，如信息技术行业的模型构建；另一类则关注特定领域基本职业能力的研究，如图书管理员、会计师、建筑师、管理者、培训者等的专门能力。

我们知道能力作为一个概括性的术语，其语义具有很强的拓展性，因此造成实践应用中的一些混乱。在能力文献中，能力的含义已经大大拓展。要理解学术研究中对能力理解差异性的根源，可能从绩效和绩效的影响因素着手，不难区别和理解这些差异。在复杂的工作情境中，尤其是产品加工、生产、营销、信息处理等活动，个体所选择的具体工作行为、行为方式以及行为时机的有效性取决于内隐和外显的个人特征，包括个性、知识、技能等。

职业能力最终表现为一定的工作绩效，是一系列行为和活动的结果，在其他因素一定的情况下，个体行为直接决定了最终的结果。而这些行为又直接取决于个人的特征。这三个方面就形成了能力的三维视角。当前众多的能力定义实际上就是从这三个角度对能力的不同理解，但是由于这三者之间并非简单的线性关系，影响个人特征、行为和最终的工作绩效这一链条的因素很多，尤其是环境因素、其他系统因素等，所以并不能将这些不同角度能力的界定和定义简单地等同。行为和工作绩效的共同特征是可观察性，因此可以将从这两个角度考查能力内涵和本质的能力界定方法归为输出类，将个人特征归为输入类。这两类定义蕴涵的哲学思想、指导管理实践的出发点存在根本性差异。受研究传统的影响，英国和美国在能力视角上存在根本不同，这种差异就体现在输出和输入观上，我们可以从接下来两节的内容中略见一斑。

3.1.2　职业能力理论的发展

在职业能力开发和人力资源管理领域，能力的英文对应词是"competency"，而不是"ability"。产生于美国和加拿大的著名的"能力本位教育"（CBE），其英文表达就是"competency-based education"。我们知道"competency"是一个表示人的行为特征的概念，这一特征与他在某一工作中的效率或最优表现之间存在一种因果关系。在能力本位教育的发展历史上，先后出现过三种不同的能力概念：行为主义的能力概念、功能主义能力概念和整合的能力概念。对于这三种能力概念，华东师范大学石伟平教授都曾经做过较为深入的剖析。

1. 行为主义的职业能力观

行为主义的（behaviourist）能力概念把能力看成一系列孤立的行为，认为能力与完成每一项工作任务相联系，它既可以分解，也可以测量。职业能力即职业技能。这一观点可从关于 CBE 的早期文献对能力本位教育与训练的界定中看出来，"能力本位教育是建立在对某一职业岗位所需能力的鉴别和陈述的基础上……一般是以特定的行为化目标来陈述所鉴别出来的操作技能。随后，就按照从简单到复杂的顺序来排列这些目标，以此作为教学顺序，以帮助学生掌握这些行为目标。"[①] 该职业能力观指导下的职业教育更多地关注学生是否能够完成明确的、操作性的、可测量的职业行为，即聚焦于"应会"。把职业能力看成一系列孤立的行为，能力与完成每一项工作任务相联系，可分解，可测量。对于相对简单、机械，以身体运动为主的一些操作技能，从刺激—反应联结和强化—抑制机制的开展角度观察和记录就可以达到研究能力体现过程内在机制的目的。这种强调任务技能、注重能力目标行为化的能力观，对 CBE 后来的发展产生了深远的影响，现今在加拿大等一些国家所实施的能力本位职业教育与培训体系中仍可清晰地看到它的痕迹。

行为主义的能力概念对操作性强的简单工作比较适合，能使目标具体化，提高培训效率，易于控制学习过程和进行评价。但其缺陷也是很明显的：以具体任务分解能力必然是琐碎和不完整的，它忽视了作为操作性任务技能之基础的基本素质的重要性，忽视了团体合作对于个体操作行为的影响，忽视了在真实的职业世界中人们工作表现的复杂性以及在智能操作中判断力所起的重

---

① 石伟平 . 比较职业技术教育［M］. 上海：华东师范大学出版社，2001.

要作用。另外，依据这种能力概念进行的能力评价，其效度是令人怀疑的，因为它测量到的只是职业能力表层的技能，并没有真正测量到学生的全面职业能力。因而只能适用于针对性较强的单一技能操作训练。

2. 功能主义的职业能力观

考虑到了行为主义的能力观在专业性教育中遇到的困难，功能主义则注重一般素质的培养，如基础知识、基本技能、现场技能、知行技能等必要的技能。美国的一些工商管理学院较普遍地采用了这种能力观，他们通过选择一些优秀管理人才为研究对象，鉴别成功的管理人才所应具备的个体素质，以此为基础来确定能力标准和开发课程。一般素质（general attributes）的能力概念是将能力视为具有普遍适应性的一般素质，认为一般素质对于有效的操作行为是很重要的，一般素质是掌握具体的任务技能的基础，也是促进个体能力迁移的基础。因为像知识、分析与综合能力、批判性思维能力、创造力等一般素质，能普遍应用于许多不同的工作情景或工作环境之中。他们认为作为个体内在素质的能力具有整体性，虽然它也可以分解为若干要素，但作为整体性的素质结构的功能远大于各能力要素的总和。

虽然其名称不同，但均指那些可以广泛迁移的能力，如创造力、学习力、批判性思维能力等。这种能力观也有不少问题：首先，一般能力实际上不一定存在；其次，依据这种能力观鉴别出来的一般素质对于为特定专业开发设计课程并无多大帮助；最后，这种能力观忽视了具体的工作情境。普遍适用性的一般素质，并不能取代与就业岗位直接相关的特定职业能力。脱离具体的工作情境来评价学生的一般素质，显然是缺乏效度的。实际上，诸如批判性思维等一般素质都具有高度的情境依赖性，脱离具体情境来训练一般素质，是很难取得实际效果的[33]。

3. 整合的职业能力观

整合的（holistic）能力概念是将一般素质与具体的工作情境结合起来的能力概念，认为能力是个体在现实的职业工作表现中体现出来的才智、知识、技能和态度的整合。它一方面承认能力不等同于特定任务，能力是个体知识、技能和态度所形成的一种复杂的素质结构，是完成具体操作性任务的基础；另一方面，又认为这种素质结构总是与一定的职业情境或工作角色联系在一起的，总是通过个体在完成特定职业任务时才能表现出来。整合的能力概念是由美国学者盖力（L. Gale）和波尔（G. Pol）首先提出来的，他们在《能力：定义与理论框架》一书中提出："能力是与职位或工作角色联系在一起的，胜任一定工作角色所必须的知识、技能、判断力、态度和价值观的整合就是能力。"[34]英国学者斯坦顿（G. Stanton）构建的能力模型，比较准确地表达了整合能力观的思想。在该模型中能力由两方面构成：一方面是一般的知识、技能和态度，另一方面是对具体情境的理解力。两者缺一不可。没有前者，理解了情境的要求也只能是"心有余而力不足"；缺少后者，个体就不知道怎样运用所掌握的知识技能，就不能适应工作情境的变化而对原有的认知结构进行重组。

整合的能力观是一种试图将前两种界定方式结合起来，通过知识、技能、态度的整合来形成一个更加全面、完整的能力描述的界定方式。它在一定程度上避免了前两种能力观的局限，并能辨证地看待个体的一般素质及其在职业任务中的操作表现，将一般素质与具体工作情境联系起来，具有一定的合理性。由于一般素质与职业情境可以有多样化、多层次的整合，所以可将能力视为一种复杂的可分为不同等级水平的素质结构，这就有助于构建包括从低级水平的能力到高级水平的能力在内的完整的能力标准体系。但是应该看到，整合能力观在强调能力的一致性时，忽视了不同类型能力之间的差别。他们在制定能力标准时采用功能分析的方法，只看到能力形成的结果，却忽视了能力形成的过程，因而使能力的培养缺乏针对性。

4. 职业能力形成的情境观

澳大利亚职业教育专家单德伯格（Sandber）认为，上述三种能力观虽然有较大的差别，但就其本质而言都属于典型的特质观。这些能力观虽然对能力具体是什么的看法有所不同，但却都将能力看成了具有跨情境的稳定性的特质（trait），并严重忽视了有意义的实践工作经验在能力形成中的作用。为此，他从现象学的观点出发，提出了又一种界定能力的方法——解释性方法（interpretative approach）。这种方法的突出特点是关注"生活世界"① 及人在实践活动中的"意向性"（intentionality）②。单德伯格认为，人在完成各种任务时，有意识地运用各种以往的经验，并在以往经验和新情境的结合中寻找解决问题的办法。人的职业能力只能在真实的职业情境中通过实践获得。由此，对职业能力的理解从单纯的知识转向包括知识、技能、态度等综合的心理表征，且更注重了不同情境对职业能力获得的特殊意义。这种观点将一般素质与具体工作情景结合起来，把能力看作个体在职业工

---

① "生活世界"是胡塞尔（E. Husserl）现象学中的重要概念，它指的是人们日常生活的普遍世界，即人们在日常经验中直接面对的经验到的世界。在现象学看来，生活世界是所有知识的根基和基础。所有知识不管其抽象或普遍，都建立在人如何经验生活世界基础之上，人最终在相关于生活世界的起源上理解这种抽象或普遍。

② "意向性"，则指人们对客观事物的知觉，总是在一定的主观意愿作用下实现的。因此，人对客观事物的认识，必然要反映人与客观事物之间的关系。

作表现中体现出来的知识、技能和态度的整合，注重培养学生在具体工作情境中的职业能力[35]。

综上所述，职业能力的概念在历史上有不同的理解，这些理解同心理学科的发展密切相关。但是由于学科视域的局限，心理学也无法突破认知加工的限制去研究人解决实际问题的生理基础、动作操作过程和社会经济文化环境。这就要求我们客观地站在个体从事职业活动本身的角度，研究职业能力的实质、结构、发生和发展的规律以及培养评价机制。除了历史的角度外，各国对职业能力的理解也各不相同，这些同该国的主流哲学及传统文化密切相关，而不同的职业能力观正是各国发展学生职业能力的逻辑起点，对其培养体系、能力评价制度及认证体系都有着深远的影响。

3.1.3　国内学者对职业能力的主要研究

职业能力是职业教育理论和实践中的核心概念。很多学者和专家介绍国际职业能力研究的最新成果，并结合我国的实际在职业能力内涵、结构、培养、评价等方面提出了极具价值的观点。

一是关于职业能力内涵和相关概念的研究。关于职业能力到目前还没有一个公认的概念。邓泽民等"将职业教育中的职业能力定义为：个体将所学的知识、技能和态度在特定的职业活动或情境中进行类化迁移与整合所形成的能完成一定职业任务的能力。"[36]并且认为职业教育中的职业能力具有：（1）应用性；（2）层次性（复合性）；（3）专门性（方向性）；（4）个体性（差异性）；（5）可变性（动态性）基本特征。赵志群将职业能力定义为是个体在职业、社会和私人情境中科学思维、对个人和社会负责任形式的热情和能力，是科学的工作和学习方法的基础[37]。这种定义将职业能力从职业的角度扩展到了社会、个人生活更为广阔的范围。徐国庆认为，通常把职业能力解释为"工作任务的胜任力"，但对此可以有两种理解：（1）职业能力是从工作任务中另外分析出来的心理要素，因此其获得需要在工作任务分析的基础上进一步进行；（2）职业能力虽然是心理要素，但其内容是由工作任务确定的。[38]随着技术的快速变化，职业能力的内涵也处于巨大的变化之中而具有历史性。我们有必要在复杂的关系中理解职业能力。因此在最本质的意义上，可以把职业能力理解为"联系"，职业能力的形成就是要在知识与工作任务的要素，如关系、对象和设备之间形成联系[39]。吴晓义认为，所谓职业能力即指从事职业活动所必须具备的本领，它是成功地进行职业活动所必须具备的知识、技能、态度和个性心理特征的整合，其中包括特定职业能力、通用职业能力和综合职业能力[40]。严雪怡认为，狭义的职业能力指某个岗位的工作能力，广义的职业能力指某类职业群的共同基础能力[41]。职业能力及相关概念的研究已由最初关注某一职业岗位出发强调必备的知识、技能、经验、态度到同时重视从职业群出发所应具备的一般的关键能力和创业能力，这是科技飞速发展和知识的不断更新以及职业的变更所需。在研究过程中，"综合职业能力""职业核心能力""职业关键能力""职业通用能力"等概念纷纷提出。有些尽管差别不大，但各自的侧重还是不同的，从不同的侧面进行了阐释，为人们了解职业能力提供了有益的视角。正确理解职业能力，不仅有重要的学理意义，其实践意义更为重大，尤其对于职业教育中的职业能力培养和评价实践，它是一个基准。

二是关于职业能力结构的研究。对于职业教育来讲，职业能力的培养应具有可操作性，也就是说，我们既可以将职业能力分解开来，增强其可视性以便于教学，同时又便于进行整合形成职业能力。有学者认为，职业能力可以被结构化，主要包括三个层次：第一是职业特定能力。其范围可以理解为国家职业分类大典划分的范围。例如：我国划分为 1838 个职业，目前国家职业标准的制定，以及相应的职业资格认证考核活动均以此为限进行。第二是行业通用能力。其范围要宽于职业特定技能。可以理解为是在一组特征和属性相同或者相近的职业群中体现出来的共性的技能和知识要求。从现实的操作需要来看，可以确定在国家职业教育培训科目（300 种左右）的范围内。第三是核心能力。核心能力是范围最宽、通用性最强的技能，是人们在职业生涯甚至日常生活中必需的，并能体现在具体职业活动中的最基本的技能，它们具有普遍的适用性和广泛的可迁移性，其影响辐射到整个行业通用技能和职业特定技能领域，对人的终身发展和终身成就影响极其深远[42]。冰山层次模型、模块集合模型、树干支撑模型被用来形象地表示各个层次的职业能力之间的关系。以上的三个层次职业能力结构体系可能是目前最具实际意义的一个政策指向，因为它在国家人力资源管理的政策层面构建了对职业能力分析的一个基本框架和思路，为职业教育和培训教学奠定了一个基础性的框架。蒋乃平在吸收了国外职业教育对能力的理解，特别是"关键能力"引进后，认为综合职业能力是由基本和较高两个层次四个要素组成的共同体。基本层次的职业能力是针对一种职业的能力，是劳动者生存与立足于社会必备的基本能力，亦称从业能力；较高层次的职业能力是跨职业的能力，是劳动者谋求发展所需要的高层次能力，亦称关键能力。综合职业能力是从业能力、关键能力的总和，由专业能力、方法能力、社会能力和实践能力四种要素组成[43]。

　　虽然基于内涵理解的不同研究者对职业能力的结构认识有所差异，但在许多方面都能看到德国学者理念的影响。把分析能力、判断能力、问题解决能力作为职业能力的核心要素，并非意味把职业能力和学术能力等同起来的，各自的目标指向不同。从我国的文化背景和思维方式分析职业能力的内涵与结构对于科学地制订职业能力的培养计划和课程体系制定和实施测评和认证制度和方式具有重要意义。

三是关于职业能力的形成和培养模式的研究。从心理学和教育学的角度看，能力的形成过程正是知识、技能和态度的类化迁移和整合的结果。石伟平教授认为应围绕"任务"和"工作角色"开发"职业标准"，再由"职业标准"开发"评定方法"与"培训方法"或"学习计划"[44]。邓泽民提出通过：（1）精选教材；（2）结构化、一体化、网络化编排教学内容；（3）以有利于认知结构的构建为目标合理安排教学程序；（4）教授学习策略、提高迁移意识性；（5）建立模拟的职业环境；（6）参与真实的职业活动（实习、实训）促进真正的职业能力的形成。[45]职业能力培养模式的构建和实施是一个涉及经济社会发展诸多方面的复杂问题。在职业能力形成和培养的研究中，大多数集中在某一具体专业课程开发、教法和职业技能鉴定等领域。吴晓义提出"情境—达标"式职业能力开发模式，认为这种模式将"情境"的选择作为设计职业能力开发过程的出发点，从而使职业能力开发可以成为学生积极地了解和适应职业世界的有意义的建构过程，而不是"去情境"地被动地接受"呆滞知识"的过程[46]。

近年来，有关职业能力的不同层次、不同行业、专业、岗位培养模式的实践和研究，涉及电力、汽车、机械、会计、旅游、医疗等，基本上都是在学习、借鉴国外理论与模式的基础上，根据本土实践的具体情况进行构建的，对不同行业的职业能力的结构与层次进行区分和标准化，对高职、中职学生职业能力培养策略、模式、课程开发探索和总结。实践需要理论的指导，职业能力培养开发需要理论的支撑，对职业能力的形成机理、形成规律的研究和探讨有待于进一步的深化，应关注什么是影响职业能力形成的主要因素，如何针对职业能力的培养进行课程开发和改革教学方式方法，应从人的全面发展而不仅是职业资格标准出发来安排教学内容。

四是关于职业能力评价和认证的研究。国家社会科学基金教育学"十五"规划国家课题"学历证书与职业资格证书相互转化的理论与实践研究"成果对学历证书与职业资格证书的内在联系作出了科学地分析，开发了双证互换的课程转换模式，从系统化的角度提出了包括政府、企业学校和个人在内的双证互换的系统运行机制，同时对双证互换在教育、管理、就业等方面提出了建设性的政策建议[47]。这也是我国目前职业能力评价制度方面最具价值的综合研究成果。职业能力的可评性在于：已有知识技能、运用情况、工作业绩为职业能力的评价和认证环节提供了有效的参考。有学者认为，职业能力评价，是通过一种或多种途径取得职业活动绩效的证据，并把这些证据对照特定职业能力标准，从而判断职业能力水准的过程。最主要的三种职业能力评价模式：行为样本的评价模式、工作现场观察的评价模式和已有绩效的评价模式。它们各有其优势与劣势和具体的环节及一般步骤。它们的区别主要反映在所需评价证据的范围、类型和获得方式。学校教育评价的典型模式、企业在职培训最常用的模式，脱产培训有时也会用它，基于行为样本的评价证据所及范围广泛，而且易于标准化，也便于同时对大量被评价者进行评价，但致命的弱点是脱离职业实际；基于现场观察的评价解决了脱离工作实际的问题，但因为评价项目数量的限制，难以鉴别广泛的职业能力，尤其不便于评价非常规技能。而基于已有绩效的评价的主要特点是评价证据来自已有工作表现的资料，而且便于评价高级技能。但必须以评价者已有的工作表现为前提，因此仅适合职后培训或岗位评价，而不太适合学校教育[48]。被广泛采用和实行的评价模式（方式）主要有职业能力倾向测验和职业资格制度的认证体系。目前国外流行使用的成套能力倾向测验有 10 余种，其中区分能力倾向测验（Differential Aptitude Tests，DAT）、普通能力倾向成套测验（General Aptitude Test Battery，GATB）两种在我国得到修订。有许多院校采用华东师范大学俞文钊教授等根据GATB 编制的"职业能力倾向的自我测定"问卷对在校学生进行测试[49]。重视对职业能力的培养并有效评价之是职业教育的教学过程的核心，也是国家职业资格制度建设问题的核心。作为一种特殊形式的国家考试制度，是为培养技术技能型人才铺设的一条成才之路。我国根据社会经济发展现实出发，借鉴国际标准职业分类，组织编制和修订《中华人民共和国职业分类大典》，确定了国家职业标准的框架，并在一系列职业和工种中颁布了《国家职业标准》。作为国家职业资格证书制度的主要组成部分，职业技能鉴定是一项职业技能水平的考核活动，由考核机构对个体从事某种职业所应掌握的技术理论知识和实际操作技能做出的客观的测量和评价，属于标准参照型考试。就我国目前实行的职业资格证书制度而言，应加强职业能力标准的研究与制定，从单纯强调技能向职业能力综合认证过渡，注重发挥制度促进终身学习的作用，同时保持国家标准与地域行业标准的合理性，加强职业能力认证的法律法规体系建设，国家应发挥总体设计和宏观调控职能。

3.1.4　职业能力理论对职业教育学的贡献

前面系统回顾和分析了现有职业能力理论，这些理论基本上代表了当前职业能力理论研究现状，也是本研究的理论基础，这些理论成果是本书的起点，而现有研究的局限性和不足也为本书研究提供了方向。本书在此所介绍的职业能力内涵、结构、培养模式和评价等方面的研究成果，只涵盖了国内外相关研究的一部分，甚至可能一些重要的研究尚未包含在其中。这些研究成果为职业能力的培养和评价的实践提供了理论上的准备和指导。理论研究需要正视、揭示、研究、解答实践中的种种问题，目前一方面需要将学习借鉴国际职业能力理念和本土实践的经验进行总结和提升。另一方面需要以我国社会文化背景为基础进行深入的理论研究，因为职业能力的内涵表明它是一个涉及多学科知识的概念，例如，哲学的逻辑与抽象、科学的思维模式、心理学的认知策略、管理学的合作与沟通、伦理学的职业伦理与职业道德以及技术学、系统学、信息学等，职业能力的理论研究需要多学科的支持。现有职业能力的研究，绝大多数研究的出发点是为了寻找普遍适用的通用能力，其前提是假设能力是情境独立的，具有很强的可转移性。基于我国的文化背景，从职业教育的视域来研究职业能力对于职业教育学具有理论和现实的意义。

中国文化背景的职业教育学从学科建制角度是一门独立的学科，是教育学的下位学科，独立学科有其独特的基本范畴和规律。职业能力作为职业教育的培养目标，是职业教育学科需要研究的基本范畴，因为对职业能力的研究是职业教育学其他内容的研究基础，例如，由职业能力的内涵能够决定职业教育课程的内容和实施方式，决定职业教育教学质量的考核内容、评价方式，职业能力的研究是职业教育课程论、教学论、学习论、职业教育评价和认证理论等理论的研究基础。

职业教育学的研究需要借鉴包括哲学、心理学、管理学在内的其他学科的研究成果，但是这些学科的研究成果不能简单套用在教育研究上，一些学科的命题简单移植到教育研究中并不可行。职业教育研究在借鉴其他学科的研究成果时，必须有所选择和鉴别，否则就会造成思想上的混乱。同样，关于职业能力内涵、培养、评价的研究也是如此。关于职业能力的研究有各种各样的观点，包括对于职业能力的内涵、结构、培养、评价和认证等方面的认识都并不统一，在借鉴时，我们一定要根据职业教育的任务进行具体分析。

3.2　职业能力的内涵

任何学科的研究都必须从明确基本概念的含义入手，因为明晰概念的含义是讨论问题的前提。对职业教育中的职业能力的内涵进行界定，离不开知识、技能、素质、职业、能力等概念。从上一节的论述中可以看出，这些概念不能分离，使用非常频繁，为了进行清晰地研究和应用，本节将对它们进行比较和分析。

3.2.1　相关概念辨析

如前所述，只有对知识、素质的内涵及特征界定清晰之后，才能更好地把握职业能力的内涵与本质特征。

1. 知识的内涵与特征

关于"什么是知识"这个问题，千百年来思想家们给出了五花八门的定义，在日常生活中人们也有着不同的理解和使用。中国上下五千年的文化中，积累了对知识内涵的大量探索。最早可以追溯到《论语》。据杨伯峻在《评注论语》时的统计，《论语》总共出现了 116 次"知"字，主要有三层含义：其一，作为名词，是知识的意思；其二，作为动词，是知之、知道的意思；其三，作为借代词，是"智"，有聪明、智慧的意思。这是最早关于知识的含义。将古今生活和各个时代的词典辞书中关于知识的含义归纳起来，大约有十个方面：其一，亲身涉及，亲口尝之；其二，亲身搏击，亲口说，亲耳听；其三，认识、把握的过程；其四，方法、工具、技能；其五，有见识、有水平；其六，文化水平，文化身份；其七，道德修养，涵养；其八，内容、经验、心得；其九，是非、曲直、好歹；其十，特定的知识和经验[50]。

有学者从广义、狭义和特定的知识论三个方面介绍了知识的含义：从广义上讲，知识是人类社会实践活动的经验总结，也是人类社会包括人工环境、人工智能所创造的一切经验形态、智慧形态、智能形态的总和，而且都外在化为信息；从狭义上讲，知识是人类社会实践创造活动的产物和再生物，是一切思想体系、理论体系、工具体系和逻辑体系的总和，从特定的知识论上，知识就是数学、符号，知识就是人类社会思想信息进行传输、存储、生产、交换、使用、消费和创意的数字符号系统。可以认为，上述观点代表了我们文化中对知识内涵的理解，即知识是经验、信息、工具、逻辑和思想创意的数字符号系统[51]。

彼得·德鲁克（Peter F. Drucker）认为知识是一种能够改变某些人或某些事物的信息，既包括使信息成为行动基础的方式，也包括通过对信息的使用使某个个体或机构有能力进行改变或进行更为有效的行为方式。他把知识理解为一个动态的并且与人或组织交互的系统，并认为只有在使用过程中，知识才体现出实践意义的价值，而不仅仅是一个简单的多元素集合[52]。

当今最权威、影响最大的知识分类是经济合作与发展组织（OECD）在1996年《以知识为基础的经济》的报告中所进行的分类，把"知识"归纳为四种类型：事实知识（know-what）、原理知识（know-why）、技能知识（know-how）和人力知识（know-who）。其中事实知识和原理知识属于"编码知识"，是构成信息的主要来源，技能知识和人力知识则属于"内隐知识"（tacit knowledge），是不易从正式的信息渠道所获得的知识类型。经合组织的分类也体现出对内隐知识的关注和重视。可见，关于外显知识和内隐知识的分类方式目前广为学术界接受的，在职业教育研究领域也被广泛认为对职业能力的培养有意义。波兰尼（Polanyi）认为，外显知识是格式化的、能够被明确表述的知识。内隐知识是直觉性的、不能被明确表述的知识。在没有知识主体参与的情况下，内隐知识很难交流、理解和共享。日本学者野中郁次郎（Ikujiro Nonaka）认为，外显知识是指可以用文字数字、标准化程序以及普遍原则来表达的知识，即编码化知识。这种知识可以通过书本、讲座和训练等方式进行传授和共享。内隐知识是指极为个性化且难以形象化，因而不易与人沟通和分享的知识。这种知识的特点是高度主观性和直觉性，非形式化和非系统化，只有通过比喻、图画、经验等方式才能获得。它主要表现或根植于个体的行动、经验、理想、价值观、情感、洞察力、直觉以及灵感之中。内隐知识又可以分为技术类内隐知识和认知类内隐知识：前者包括无法公式化的技巧、手艺和专业技术等；后者包括思维模式、信仰和知觉力等[53]。

懂得公式、定理、概念属于掌握"知识"；正确运用公式、定理、概念则属于具备"能力"。所以知识是形成人的能力的阶梯或载体，没有知识，人的能力就没有必要的基础。知识不等于能力，知识多不一定能力强，有"文凭"不一定有"水平"。一方面，能力离不开知识，知识是能力形成和提高的基础。不掌握反映客观规律并与其特定活动对象具有内在联系的知识，就无法形成符合规律的思维方式，因而无法转化为能力。"无知便无能""知识就是力量"。另一方面，一旦有了相应的能力，如学习能力，又能促进知识的掌握和运用。能力是获取知识、运用知识的必要条件，能力低下难以知识渊博。

知识具有的情境依赖性、意会性、离散分布性、收益递增性、互惠性、合作性对于职业能力的研究具有意义。能力与知识的关系具体表现为：第一，知识作为主体精神世界的重要组成部分，是决定主体能力的最重要的因素之一。能力是在知识的学习和掌握过程中形成和发展的，离开了知识的学习和训练，任何能力都不可能得到发展，即所谓"无知必无能"。第二，知识的掌握又以一定的能力为前提，没有一定的能力保障，就不可能较好地掌握知识。能力是掌握知识的内在条件，它制约着知识掌握的有效性和巩固程度。第三，能力与知识在实践的基础上是统一的，它们都是保证实践活动获得成功的重要条件，而且在认识的过程中两者可以相互作用，相互转化，共同推动认识的前进运动。

2. 素质的内涵与特征

就其本义而言，素质是指人的心理发展的生理条件；从延伸意义上来看，素质一般泛指人的身心倾向和内在潜能的总称。素质既具有自然性，也具有社会性：一方面它具有人的先天生理解剖的特征，带有与生俱来的性质；另一方面，它又是在人的先天素质基础上通过教育和学习，由知识的内化而获得的。有学者把活动主体的素质分成四个方面：（1）影响主体活动的目的倾向的素质（如兴趣、理想、价值观、信念等），主体的这类素质决定了主体在生活中从事活动的积极性，从事活动的倾向、种类和范围，以及活动对主体而言的价值和意义。（2）影响主体对活动过程进行调节控制的素质。这主要是指主体在对象意识和自我意识中所表现出来的认识、情感、意志方面的素质，如智力（含知识及智慧技能）、情感素质、意志素质，以及自知、自主、自立、自信、自强、自尊、自律等自我意识方面的素质。这类素质决定主体以什么样的方式从事活动，在活动中怎样调节控制自己与外界的关系和相互作用。（3）影响主体活动的质量和效果的素质，包括影响活动的水平、效率的能力（含操作技能），影响主体活动的新颖性、独特性的选择力和创造力，影响主体活动美感的审美力，以及影响主体活动的社会协调性的素质，包括品德、遵纪守法的品质、政治品质等。（4）身体素质。身体素质是心理素质存在的物质前提，它为人的活动提供物质能量，保证人的活动的强度、持久性等[54]。

身体素质往往不被放在能力研究范围，但是对于职业能力的研究而言，身体维度是不应被忽视的。因为人的能力内含于人的生理机体，如果没有良好的身体素质，人的能力也就失去了基础。身体素质是指人的生理素质，即人体形态和生理功能上的特征，包括生理解剖特征，如身高、体重、神经系统、运动系统的特征等；还包括生理机能特征，如运动素质、反应速度、负荷极限、适应能力、抵抗能力等。身体素质包括体力因素和健康状况。体力因素既是身体素质最基础的部分，又是身体素质构成的低层次结构形式，同时又是其他各方面能力的物质载体。身体状况良好，有利于人充分发挥其各种能力；反之，则会降低能力发挥的效率。

能力与素质在构成因素上具有相同之处，即都离不开人的生理和心理机能，但能力并不等同于素质。素质通常处于静态，具有隐蔽性和相对稳定性，它不能直接作用于客观事物，而能力则是一种可以直接作用于客观事物的、能够外显的力量。

素质是能力形成和发展的自然前提，离开了素质这个前提就根本谈不上能力的发展。但是，素质本身并不是能力，也不能由素质来决定能力，它只能为一个人能力的发展提供可能性，只有通过一定的实践活动才能使这种发展的可能性变成现实性。同时，能力与素质不是一一对应的关系，同一种能力可能在不同的素质的基础上形成，同样的素质基础上也可能形成不同的能力。

关于"能力"与"素质"的关系，有学者进一步解释为："素质本质上是能力的基础，而能力则是素质的外在表现，素质诉诸实践就表现为能力，离开素质，能力就成了无源之水、无本之木；离开能力，素质也无法表现、观察、确证和把握。""'能力'在历史、现实、理论等方面，因而也在逻辑进程上，都是比素质更高、更能显示其优越性的一个范畴。能力是外显的素质，它直接就是一个实践行动范畴，较素质而言，它更易于操作与评价。"[55]

3. 能力概念的提出与分类

从上一章关于能力理论的研究综述中能力是一个复杂的概念。尽管理论上难以十分准确地指出能力的定义和实践中能力的所在，但它是客观存在的，并对人的职业活动与职业发展时时刻刻产生作用。

关于能力概念的提出，其源头可追溯到古典经济学家亚当·斯密的劳动分工理论，甚至是柏拉图和罗马时代，欧洲人从 16 世纪开始使用并进入法律的专业文献里。当然 20 世纪 70 年代的研究更具现实意义。美国著名心理学家麦克里兰于 1973 年提出的著名的能力冰山模型，就是将人员个体能力的不同表现划分为表面的"冰山以上部分"和深藏的"冰山以下部分"。

其中，"冰山以上部分"包括基本知识、基本技能，是外在表现，是容易了解与测量的部分，相对而言也比较容易通过培训来改变和发展。而"冰山以下部分"包括社会角色、自我形象、特质和动机，是人内在的、难以测量的部分。它们不太容易通过外界的影响而得到改变，但却对人员的行为与表现起着关键性的作用。人的能力的六个层面：（1）知识（knowledge）：指个人在某一特定领域拥有的事实型与经验型信息；（2）技能（skill）：指结构化得运用知识完成某项具体工作的能力，即对某一特定领域所需技术与知识的掌握情况；（3）社会角色（social role）：指一个人基于态度和价值观的行为方式与风格；（4）自我概念（self-concept）：指一个人的态度、价值观和自我印象；（5）特质（trait）：指个性、身体特征对环境和各种信息所表现出来的持续反应；（6）动机（motive）：指在一个特定领域的自然而持续的想法和偏好（如成就、亲和、影响力），它们将驱动，引导和决定一个人的外在行动。特质与动机可以预测个人在长期无人监督下的工作状态。

其中第（1）、第（2）项大部分与工作所要求的直接资质相关，能够在比较短的时间使用一定的手段进行测量。可以通过考察资质证书、考试、面谈、简历等具体形式来测量，也可以通过培训、锻炼等办法来提高这些素质。但是，第（3）～（6）项往往很难度量和准确表述，又少与工作内容直接关联。只有其主观能动性变化影响到工作时，其对工作的影响才会体现出来。考察这些方面的东西，每个管理者有自己独特的思维方式和理念，但往往因其偏好而有所局限。管理学界及心理学有着一些测量手段，但往往复杂不易采用或效果不够准确。在职业教育教学与评价中这也是一个难点，同时也能体现区别职业教育与培训的显著特点。

美国学者莱尔·M. 斯潘塞和塞尼·M. 斯潘塞博士（Lyle M. Spencer, Jr. & Signe M. Spencer）则将其区分为基准性能力（threshold competence）和鉴别性能力（dif-ferentiating competence）。基准性能力是容易被测量和观察的，因而也是容易被模仿的；换言之，知识和技能可以通过针对性的培训习得。内驱力、社会动机、个性品质、自我形象、态度等属于潜藏于水下的深层部分的能力，这部分是区分绩效优异者与平平者的关键因素；职位越高，鉴别性能力的作用比例就越大。相对于知识和技能而言，鉴别性能力不容易被观察和测量。

冰山模型不仅能够满足现代人力资源管理的要求，构建了某种职业岗位的胜任素质模型，对于担任某项工作所应具备的职业能力进行了明确的说明，而且成为进行人员能力测评的重要依据，为职业能力培养和评价提供了科学的借鉴。

4. 技能的内涵与类型

长期以来，学术界存在着种种不同的技能观。管理学中通常将技能作为一个先入概念来使用，很少论及技能概念本身，关于技能的有限的研究成果中，往往着眼于制造业中劳动者的技术水平，并将其拓展开来，形成一个较宽泛的技能概念。劳动经济学中对技能的关注较多，特别是劳动过程论中，相关研究成果不少。布雷弗曼（Braverman）指出分工对技能形成的影响极为重要，职业差别导致对技能的不同需求这两点，对后来的关于技能形成的研究具有重要意义。后来的研究普遍意识到职业对技能的不同要求和对技能形成过程的影响，以及劳动力市场分割特别是职业分割对技能形成带来了重要影响。日本的小池和男[1]基于对

---

① 小池和男 . 日本企业 の人材形成 [M]. 中公新书，1997.

各类型企业的实地调查，系统地提出了"知性技能"的观点。他指出，随着科学技术不断升级和在生产中广泛应用，以往依靠劳动者的熟练技术来完成的工作逐渐被机械所取代，劳动者的技能转变为管理机械设备的能力，这种技能即"知性技能"，概言之，即"应对问题及变化的技巧和能力"。同时他还强调，这种"知性技能"主要是通过在岗培训的渠道获得的。小池还提出了"知性技能"的测量方法。他指出，可以通过两个指标来测算企业内劳动者个体的技能存量：一个是技能的广度，即一个员工可以完成的工作岗位的数量；另一个是技能的深度，即处理问题、解决问题的方法的多少。小池"知性技能"的观点对以往比较模糊的技能概念进行了准确的概括，提出了"应对不确定性"这一技能的核心内容，较好地解决了不同职业劳动者技能的差异，从根本上把握了人的劳动中体现的技能的实质内容，能够适用于不断规范化、标准化的生产现场，也能够适用于计算机技术不断普及下企业中各工作岗位的实际情况[56]。

心理学特别是认知心理学对技能研究较多，认为技能通常是指人们按某种规则或程式掌握专门技术的运作方式。它是在一定生理条件的基础上，在心理活动支配下，按某种要求，经过反复练习形成，并通过人的外在的比较固定的活动方式即"规定动作"表现出来的，可视可辨；人们通过仿效、学习可以掌握技能。技能，特别是熟练的技能，可以推动能力的进一步发展。技能的本质是一套操作程序控制了人的行为，包括外显的身体活动和内在的思维活动，它不是从人们会说什么得知的，而是从他们会做什么中间接推测出来的[57]。

冯忠良认为技能是通过学习而形成的合乎法则的活动方式。根据活动方式的不同，他将技能分为操作技能和心智技能（见表3-1）：前者是控制操作活动动作的执行经验，其动作是通过外显的机体运动来实现的，动作的对象是物质性客体；后者则是控制心智活动动作的执行经验，其动作常借助于内潜的头脑内部语言来实现，动作对象为事物的信息。对于操作技能的形成，他认为可分为操作的定向、模仿、整合以及熟练四个阶段。至于心智技能的形成，则分为原形定向阶段、原形操作阶段和原形类化阶段。

表 3 - 1 技能分类

类型	再造性技能 （应用程序或算法）	创造性技能 （应用理论和策略）
心智技能 （决策、问题解决等）	对一个已知的问题类型应用某种已知的程序或算法	解决新问题、发现一种新程序，如证明定理、写作
动作技能 （身体动作、感知等）	感知动作技能、重复性或自动化的动作，如打字、跑步	策略技能或计划技能，如文件页面设计

动作技能是一种习得的、能相当精确地执行且对组成的动作很少或不需要有意识注意的操作，表现为人的肌肉运动按照预定顺序组成的完整协周的动作系统。它存在于一切使用与不使用装置或器具的活动之中。具体到职业技能领域，动作技能大多与操作装置或器具有关，有些研究者将动作技能称为操作技能。如驾驶、装配、烹饪、操纵机床等。由于动作技能的活动过程和活动方式是外显的，所以，动作技能可以通过模仿和反复练习来获得。值得指出的是，人们往往根据所使用的装置或器具的复杂程度对动作技能作出徒手或用简单工具制作器物的动作技能称为"技艺"，技艺被定义为"多种传统行为的组合，以产生机械的、物理的或者化学的效用，技艺便是具有这些效用的行为。各种技

艺的结合，构成了工业和工艺。"① 使用较复杂的机械化设备制造物品的动作技能称为操作技能，使用高科技现代化机械设备制造物品的动作技能称为智能化操作技能。事实上，智能化操作技能在很大程度上已不是动作技能，而是心智技能。根据加涅（Gagné）的定义，心智技能泛指运用符号办事的能力，包括运用概念、规则或程序解决实际问题的能力。如营业员的心算、计算机编程、激光照排的排版等。由于智力技能的活动过程和活动方式是内隐的，故必须在掌握一定的文化科学知识的基础上通过反复练习和不断实践才能获得。技能的形成是"学习"的过程，而不是"教授"或"培训"的过程，技能的形成尤其重视实践经历。

关于技能的分类，英国国家技能工作领导小组（National Skills Task Force）认为技能主要包括以下三种类型：第一是通用技能（general skill），指可以在大量不同职业中通用的就业技能，如沟通技能、解决问题的能力、使用信息技术（IT）设备的能力；第二是职业技能（vocational skill），指那些必须在某一特定职业或职业群中使用的职业或技术技能；第三为个人特质（personal quality），如积极性、公正、领导力，或与别人良好交际或自我激励、激励他人的能力，个人特质是雇主在招聘新员工时最注意搜寻与发现的个性。英国"标准职业分类"（standard occupational classification）也区分了两种不同的界定"技能"的视角：一是通过完成任务和职责的复杂性来界定的"技能水平"（skill level）；二是通过彻底而有效率地完成工作任务所需的知识领域来界定的"技能专门化程度"（skill specialization）[58]。

---

① 马塞尔·莫斯，爱弥儿·涂尔干，亨利·于贝尔. 论技术、技艺与文明［M］. 北京：世界图书出版公司，2010：101.

5. 职业的内涵与类型

知识、素质、能力、技能之间是紧密地相互关联着、但又无法将它们统一起来，为了深入研究职业能力的内涵，必须同时将它们与职业联系起来。职业是职业教育的基础，如杜威所言：一种职业也必须是信息和观念的组织原则，是知识和智力发展的组织原则，职业给我们一个轴心，它把大量变化多样的细节贯穿起来，它使种种经验、事实和信息的细目彼此井井有条。职业是参与社会分工，利用专门的知识和技能，为社会创造物质财富和精神财富，获取合理报酬，作为物质生活来源，并满足精神需求的工作。这个含义：第一，与人类的需求和职业结构相关，强调社会分工；第二，与职业的内在属性相关，强调利用专门的知识和技能；第三，与社会伦理相关，强调创造物质财富和精神财富，获得合理报酬；第四，与个人生活相关，强调物质生活来源，并涉及满足精神生活。一般从社会学和经济学方面研究职业的内涵，从职业教育学的角度来看，职业蕴含丰富的教育性元素，如人力、知识、技术、技艺、工作的任务与过程及行动、道德、价值、精神等，构成为一个综合的整体，从中衍生出并且共同作用于职业教育的本质与规律。通过职业的工作活动，不仅使从事这种职业的人的职业技能得以成长，而且使人的智力和道德得以成长……因此，在现代科学技术和工业进步的时代，职业无疑已含有更多的理智、技术、道德和文化因素[59]。

由于世界各国国情不同，其划分职业的标准有所区别。根据西方国家的一些学者提出的理论，在国外一般将职业分为三种类型：

（1）按脑力劳动和体力劳动的性质、层次进行分类。这种分类方法把工作人员划分为白领工作人员和蓝领工作人员两大类。

白领工作人员包括：专业性和技术性的工作，农场以外的经理和行政管理人员、销售人员、办公室人员。蓝领工作人员包括：手工艺及类似的工人、非运输性的技工、运输装置机工人、农场以外的工人、服务性行业工人。这种分类方法明显地表现出职业的等级性。

（2）按心理的个别差异进行分类。这种分类方法是根据美国著名的职业指导专家霍兰创立的"人格—职业"类型匹配理论，把人格类型划分为六种，即现实型、研究型、艺术型、社会型、企业型和常规型。与其相对应的是六种职业类型。

（3）依据各个职业的主要职责或"从事的工作"进行分类。这种分类方法较为普遍，以两种代表示例。其一是国际标准职业分类。国际标准职业分类把职业由粗至细分为四个层次，即8个大类、83个小类、284个细类、1506个职业项目，总共列出职业1881个。其中8个大类是：①专家、技术人员及有关工作者；②政府官员和企业经理；③事务工作者和有关工作者；④销售工作者；⑤服务工作者；⑥农业、牧业、林业工作者及渔民、猎人；⑦生产和有关工作者、运输设备操作者和劳动者；⑧不能按职业分类的劳动者。这种分类方法便于提高国际职业统计资料的可比性和国际交流。其二是加拿大《职业岗位分类词典》的分类。它把分属于国民经济中主要行业的职业划分为23个主类，主类下分81个子类，489个细类，7200多个职业。此种分类对每种职业都有定义，逐一说明了各种职业的内容及从业人员在受教育程度、职业培训、能力倾向、兴趣、性格以及身体能力等方面的要求，对于职业能力的分类有较大参考价值。[60]

《中华人民共和国职业分类大典》1999年5月正式颁布，2015年修订，将我国职业归为8个大类，75个中类，434个小类，1481 个细类（职业）①。这部职业分类大典是我国人力资源管理中职业标准制定的依据，同样也是进行职业能力研究的依据之一。各国的不同分类说明了职业种类的多样，进而也反映了具体职业情境下职业标准和职业能力需求的复杂和多样。

3.2.2　我国职业教育政策文本中的"职业能力"

职业能力被明确为我国职业教育培养目标的重要组成部分，有其理论研究和改革实践的基础，产生于推进素质教育的大背景之中。20 世纪 80 年代末，我国职业教育的课程改革掀起热潮。90 年代初由黄克孝主持的《关于职业技术教育课程体系若干问题的研究》是我国第一个有关职教课程的全国教育科学规划重点课题，此课题研究了国外 CBE、模块式技能培训（Modules of Employable Skills，MES）、双元制使用的课程模式，构建了"宽基础、活模块"课程模式的理论框架和开发方法。在研究中涉及了职业教育的能力观，分析了重视"整合的能力观"的新型课程形态的特点。刘京辉、唐以志、姜大源、蒋乃平在 90 年代末分别发表了剖析德国关键能力和研究综合职业能力的文章，之后，许多研究文章见诸报刊。在 1999 年以前的国家文件中未出现"职业能力"一词，往往用其他方式表述。例如，1991 年颁布的《国务院关于大力发展职业技术教育的决定》强调"突出实践性教学环节，加强职业技能训练"，对改革教学内容和教学方法提出要求。1993 年制定的《中国教育改革和发展纲要》，用"职业技术学校要注重职业道德和实际能力的培养"来表述。1999 年

① 国家职业类大典修订工作委员会 . 中华人民共和国职业分类大典［M］. 北京：中国劳动社会保障出版社，2015.

颁布的中共中央、国务院《关于深化教育改革全面推进素质教育的决定》，要求职业教育要使学生"具有熟练的职业技能和适应职业变化的能力"。

"职业能力"在我国教育部正式文件中首次出现于1999年7月颁发的《关于申报"面向21世纪职业教育课程改革和教材建设规划"研究与开发项目的通知》中。此文件在附件一，即《"面向21世纪职业教育课程改革和教材建设规划"首批研究与开发项目指南》里，于"中等职业学校学生职业能力形成的理论与实践研究"项目的研究内容及侧重点中，专门强调要研究职业能力得内涵、形成过程。在同年颁发的《关于制定中等职业学校专业目录的通知》中，则出现了"综合职业能力"的提法。

正式把"综合职业能力"纳入中等职业学校培养目标，则首见于2000年3月颁发的教育部《关于全面推进素质教育深化中等职业教育教学改革的意见》。该文明确指出，中等职业教育要"培养与社会主义现代化建设要求相适应，德、智、体、美等方面全面发展，具有综合职业能力，在生产、服务、技术和管理第一线工作的高素质劳动者和中初级专门人才"，把综合职业能力作为中等职业学校培养目标的重要内涵。此文件还强调"中等职业教育要全面贯彻党的教育方针，转变教育思想，树立以全面素质为基础、以能力为本位的新观念"，第一次在国家文件中明确了职业教育"以能力为本位"的要求。"综合职业能力"在以后陆续颁布的文件中被多次强调，例如，《关于制定中等职业学校教学计划的原则意见》《关于中等职业学校专业设置管理的原则意见》。但在《关于全面推进素质教育深化中等职业教育教学改革的意见》中，除了提出"综合职业能力"外，也有把"综合职业能力"简化为"职业能力"之处。这种简化在教育部乃至国务院的文件里使用得越来越多。例如，2002年颁发的《国务院关于大力推进职业教育改革与发展的决定》，在要求深化教育教学改革时，强调"加强实践教学，提高受教育者的职业能力"。2005 年颁发的《国务院关于大力发展职业教育的决定》明确要求"职业教育要为提高劳动者素质特别是职业能力服务"，强调"把学生的职业道德、职业能力和就业率作为考核职业院校教育教学工作的重要指标"。可见在我国中等职业教育改革发展的政策文本中有"职业能力"和"综合职业能力"的两种称谓，1999 年的一些文件中使用"综合职业能力"，自 2000 年后逐渐过渡为"职业能力"，其原因在于当时对职业能力的理解还有异议。职业能力在文件中基本作为职业教育的培养目标和职业院校专业课教材内容开发的出发点，2019 年《关于实施中国特色高水平高职学校和专业建设计划的意见》强调"坚持工学结合、知行合一，加强学生认知能力、合作能力、创新能力和职业能力培养。"回顾"职业能力"进入我国职教培养目标的过程，目的在于更好地理解有中国特色的职业教育培养目标及其重要因素——职业能力的内涵和特点。

3.2.3　职业能力内涵的国别比较

职业教育的逻辑起点是职业活动。让学生获得特定职业活动所需要的职业能力是任何时期、任何国家、任何院校职业教育的核心目标。那么什么是职业能力？它在历史的演变过程中是否有过变化？它在不同国家的含义是否一致？只有弄清楚这些问题，我们才能理性地分析与借鉴他国的职业教育经验，才能从根本上厘清中国职业教育中职业能力的基本内涵和价值取向。由于职业能力本身的复杂性，使人们对于职业能力问题的争论很多，职业教育研究的学者一般认同将非专业的可迁移的部分称为综合职业能力。综合职业能力的含义和解释在不同国家的社会文化背景之间充分地多样化[61]。

20世纪中后期，人力资源研究领域有一些专家认为，个体要完成某项具体的任务，必须具备一些的最基本的能力。费什曼（Fleishman）等的研究最具影响力，他们认为，完成一项工作所需要可以按照基本的能力加以描述。他们对180多种职业进行了工作分析，在此基础上，列出了一种任何工作都需要的所有可能的能力的清单。这一能力清单将个体完成实践活动所需的基本能力划分成心理能力、知觉能力、心理动力能力、生理能力、感官能力五个范畴52种要素。由于每一项专业工作都会在某些方面对其从业人员提出较高水平的要求，费什曼的研究基本上准确客观地列出了大部分职业所需基本能力要素，这样便于具体职业领域以此圈定其能力要求，也就为各部门人员选拔和培训提供了依据。另外，费什曼的研究也充分证明了普遍存在于不同实践活动中的综合职业能力的确存在。但是，费什曼的研究太过庞杂和抽象，它主要运用于企事业机构的人力资源管理，对于职业教育应当从哪些方面入手培养学生的综合职业能力，其实用价值还有待推敲[62]。

由于研究视角的不同，关于综合职业能力的概念存在语言学上的混乱：在美国综合职业能力通常被称为"基本技能"或"一般技能"；在欧洲大陆（德国、荷兰）称"关键资格或综合职业能力"；在英国称"核心技能"（见表3-2）。

表3-2　　　　英、美、德、澳描述综合职业能力的术语

国家	描述综合职业能力的术语
英国	core skills，key skills，common skills
美国	basic skills，necessary skills，workplace know-how

国家	描述综合职业能力的术语
德国	key qualifications
澳大利亚	key competencies，employability skills，generic skills

资料来源：庞世俊. 美、英、德、澳四国综合职业能力内涵的比较［J］. 中国职业技术教育，2009（4）.

1. 英国对职业能力的研究

英国对职业能力的研究，深受政府政策部门的影响。在 20 世纪 80 年代，为有计划和有目标地提高本国劳动力资源的素质，"为成功的未来而开发技能"，英国相关的政策制定机构着手在国内实行职业资格制度，并成立了专门的机构，对职业资格制度进行规范、管理和引导。这些机构包括国家职业资格委员会（National Couneil for Vocational Qualifications，NCVQ）、苏格兰职业教育资格委员会（Scottish Council for Vocational Education Qualifications，SCOTVEC）和管理特许行动（Management Charter Initiative）等。这些机构的主旨在于通过职业资格认证制度引导任职者能力的培养和发展。其主要思路为对各种职业和工作进行分析，确定完成这些工作所需的最低能力标准，以便进行能力考核。该研究思路下的职业能力的体现形式为一定的业绩标准，也就是外显的行为和工作成果。能力分析和特定职业能力元素的确定是以"工作"为中心，以完成特定工作所含的一系列工作任务为分析单元。相应地这种思路下能力的典型定义为："在某一职业或职能中执行一系列的活动以达到预期业绩标准的能力""能力为个人业绩标准和结果的质量。"在英国，综合职业能力有时是指"一般的非职业的技能"，1979 年继续教育部（Further Education Unit）在它的一个重要文件《选择的基础》中，第一次对英国职业教育中的综合职业能力做出了规定。那时的综合职业能力共规定了11项（读写能力、数理能力、图表能力、问题解决、学习技巧、政治和经济读写能力、模仿技巧和自给自足、动手技巧、私人和道德规范、自然和技术环境），涵盖内容很广且十分细致，其基本思想主要是将经济需要与社会要求相结合[63]。1982 年，继续教育部出版了《基础技能》，其中规定了描述综合职业能力的两条原则：普通性和迁移性。普通性是指这种能力在各种各样的工作和学习情境中都是需要的，而迁移性是指在一个环境中习得的能力可以被运用于另一环境中。这两条原则一直指导着以后英国职业教育和培训关于综合职业能力的规定。1999年资格与课程当局的规定如下：交流能力；数字应用；信息技术；问题解决；学习和业绩的自我提高；与他人合作。事实上，综合职业能力是指那些在日常生活、工作、教育中主观需要的技能（见表 3 – 3）。[64]

表 3 – 3 　　　　　　　　　英国综合职业能力体系要素

核心能力名称		要素
主要核心能力	交流	参加讨论；收集原始资料；编制报告；报告的审阅和反馈
	数字应用	收集和记录数据；处理问题；解释和提供数据
	信息技术	准备信息；处理信息；提交信息；评估信息技术的使用
广泛核心能力	与人合作	确认合作目标和职责；实现合作目标
	学习与业绩的自我提高	确认目标；按照计划达到目标
	解决问题	

资料来源：邵艾群. 英国职业核心能力开发及对我国职业教育的启示［D］. 成都：四川师范大学，2009.

2. 美国对职业能力的研究

在美国，对个体职业能力的系统研究发端于 20 世纪 70 年代早期，产生的背景为当时美国国务院寻求选拔国外信息联络官的有效途径和方法。信息联络官在其他国家代表着美国，所以选拔较为慎重。传统的学院能力和知识测试不能够提供有效的预测结果，对候选人的筛选率较低。在受命开发其他选拔方式时，麦克里兰和他的同事们认为首先要找出是"什么样的个人特征"决定这一职位上的业绩差异。他在批判传统的智力、人格测评不能有效预测复杂工作者绩效的同时，对绩优者所具备的知识、技能社会角色、自我概念、特质和动机等关键特征进行了建模与测评。他们将绩优的业绩者和普通业绩者作为两个样本，采用行为事件面谈法收集样本组工作中的关键行为资料，然后在此基础上开发了一个复杂的内容分析法，识别区分绩优者和普通业绩者的主要因素，这些主要因素被组织成一系列的能力，并且研究者们认为这些能力就是工作中出色业绩的决定因素。这些能力中包括一些非显而易见的能力，如政治网络中快速学习的能力。受这一研究传统的影响，在美国，能力被认为是业绩差异的解释因素，是业绩的主要决定因素。研究能力的目的就是要找出那些将绩优者与普通业绩者区别开来的能力要素，并据此建立相应的指导能力发展的能力模型。能力分析的中心是"人"而不是"工作"。这种能力观的典型定义为："能力是员工所具有的能够产生有效和突出业绩的内在特质，如动机、品质、技能、自我心像、社会角色和知识等""能力是相对准则有效和同卓越业绩存在因果联系的个体所具有的内在特质"[65]。

英美两国都高度强调职业能力的工具性和功能性，结果职业能力被分解为多个技能。美国的"胜任力"跨越了理论性的逻辑知识与可操作的实践知识之间的鸿沟，而更像是一种兼具理论通约性、实践验证性及可操作性的"工程知识"；英国注重对员工能力进行评估和认证，注重工作和技能的积累。美国的目的在于发展有助于提升业绩的能力、个体行为和特质，而英国方法的一个优点是对能力具有明确的可资测度的标准，因此易于对工作能力进行测评和考核，但其应用前提是工作性质和内容是稳定的。对复杂性质的工作很难界定客观的业绩标准用以体现工作对能力的真正要求。另外，预先确定能力要素和框架，在动态的环境中，很容易造成能力僵化，因此该方法适用于性质简单的工作（见表 3 - 4）。

表 3 - 4   英美能力定义对比

基本差异	英国定义	美国定义
目的	对员工进行评估和资格认证	为提高业绩而发展能力
侧重点	工作和技能积累	个体行为和特质
发展程序	为工作和职业提供业绩标准	对突出行为和特质进行描述
概念的出发点	工作	个人

资料来源：笔者整理。

在美国，最早使用综合职业能力概念的是 1983 年得克萨斯州刘易斯维尔（Lewisville）区，一个研究高中毕业生能力要求的委员会提出了 9 类综合职业能力，其中重要的有决策、计划未来、生活、身体、社会、个人的健康、计算技能。之后，哈德逊研究所（Hudson Institute）和美国培训与发展协会（the American Society for Training and Development）提出工作领域表现必需的 7 项能力：学会学习、学术基础、沟通、适应能力、个人发展、团队效力、影响力。1991 年成立的获得必要技能秘书委员会（Secretary's Commission on Achieving Necessary Skills，SCANS）研

究 21 世纪年轻人在工作中取得成功所需的能力, 提出了如下的
能力指标 (见表 3 – 5):

表 3 – 5 美国 SCANS 综合职业能力指标

分类	SCANS 能力范围	SCANS 能力指标
工作中的能力	资源	C1 支配时间　C2 支配金钱　C3 支配材料和设备资源　C4 分配人力资源信息
	信息	C5 获取和评估信息　C6 组织和维护信息　C7 解释和传达信息　C8 使用计算机处理
	沟通	C9 成为团队一员　C10 教导他人　C11 客户/消费者服务　C12 运用领导才能　C13 与他人讨论以达成共识　C14 在不同文化环境下工作
	系统	C15 理解系统　C16 监控和增进绩效　C17 改进和设计系统
	技术	C18 选择适当技术　C19 在任务中应用技术　C20 维护和检查故障
基础能力	基础技能	F1 读　F2 写　F3 算/数学　F4 听　F5 说
	思维能力	F6 创造性思考　F7 判断决策　F8 解决问题　F9 理性处事　F10 善于学习　F11 推理论证
	个人素质	F12 负责任　F13 自信　F14 合群　F15 自我管理　F16 诚实

资料来源: The Secretary's Commission on Achieving Necessary Skills, U. S. Department of Labor, 2002.

表 3 – 5 所示 8 类 SCANS 能力, 包括 5 种职业能力和 3 部分
基础能力, 是基于对美国数千种工作的分析而不是源于个人需要
的。SCANS 认为, 学习任何技能的最有效的方法是 "在相应背景
下", 将学习目标放置到真实环境中, 而不是坚持让学生首先进
行抽象的学习。SCANS 认为, 在使用一项特定的能力或基础技能
执行一项任务时, 同时也需要应用其他的能力, 该项能力只是执
行任务最为需要的。几乎无法找出仅需使用一项能力就能完成的
工作, 但是可以非常容易地找出缺少一项特定能力就无法成功完

成的任务[66]。

3. 德国对职业能力的研究

在德国，社会教育学家梅腾斯（Mertens）1974 年提出了"关键能力"的概念。关键能力的概念基于这样的设想，即存在这样的能力，它们对人生历程的各个方面如职业生涯、个性发展和社会存在起着关键性的作用。具体为：（1）基础能力。它表示那些如逻辑性、全局性、批判性和创造性的思维和行为能力、计划能力和学习能力等，不仅局限于在职业活动中。还涉及一般的社会活动和与人交往中。（2）职业拓展性要素。它是在许多具体的应用领域中不可或缺的基本知识和技能。如劳动保护、机器维护、技术测量以及阅读书写等的知识。这些内容在当时联邦德国约 400 个培训职业中都是重要的培训内容。（3）信息获取和加工能力。即根据面对的问题或任务有目的地获取、理解和加工信息的能力。从而达到"个体对社会的信息的最有效的利用"。（4）时代关联性要素。它指的是与某一时代相关的能力要素。例如，全球化时代的外语能力、计算机时代的计算机应用能力等。这些并不是以前职业培训的内容，而随着时代的发展成为当代的必修内容。

德国培训与教育协会将"关键能力"即综合职业能力分成十个方面的范畴：组织与执行工作任务、交往与合作、学习与工作技巧的使用、与人交谈的技巧、解决问题和判断能力、独立性与责任感、承受能力、创造性与适应能力、外语能力、学习能力。20 世纪 80 年代，对综合职业能力的讨论，逐渐演化形成了对职业行动能力概念的讨论，作为综合职业能力更高一级的能力概念，职业行动能力包括了综合职业能力所有要素，它由四个部分组成，分别是专业能力、方法能力、社会能力和个性能力。邦克

（Bunk）在 1994 年发展了职业能力理论，提出增加"参与能力"，即：在他们自己的工作场地或之外建构工作环境、事先计划、承担组织的任务、决策、负责任。邦克在三个方面拓展了能力的范围：一是个人应该能够在不同的情境中工作；二是个人不仅应该对他们自己的工作负责而且必须包括社会环境；三是个人必须扩展他们的工作范围从自己的位置到整个组织[67]。

德国不像英国那样基于实用的原因，而是比较清晰地依据理论的假定和设想。德国最新的理论研究关注必需的技能应该获得的方式方法，全部观点都认为这些技能应尽可能地与工作情景接近。适应不同情境的综合职业能力，应在跨情境的环境中获得，学校和企业两者在综合职业能力的形成过程中起不同的作用。综合职业能力在理解上是跨情境的，当在特殊的情境被使用时才获得他们真实的含义，但他们能够在多种情况下应用。因为同一个综合职业能力在不同的行业中有不同的解释。一个修理工的商业洞察力可能仅仅局限在他只需对修理费用有足够的意识。而一位在银行工作的雇员，其商业洞察力就意味着他应该具备生意头脑[68]。从表 3-6 具体可见德国西门子公司是如何对"关键能力"进行培养细化的。

德国职业教育研究 30 年来对"关键能力"的讨论逐渐演化成了对职业行动能力的讨论。"行动"成了德国职业能力思想的一个核心概念。从内容的角度，德国学者把职业能力划分成了专业能力、方法能力和社会能力，此观点在我国职业教育的理论界和工作实践中具有广泛的影响。专业能力是在专业知识和技能的基础上，有目的、符合专业要求、按照一定方法独立完成任务、解决问题和评价结果的热情和能力，具有职业特殊性。方法能力"是个人对在家庭、职业和公共生活中的发展机遇、要求和限制

表 3－6　德国西门子（PETRA）培养"关键能力"的细化

项目	任务的组织和执行	交流与合作	科学的学习与工作	独立性与责任心	承受力
项目目标	制订工作计划 完成工作任务 检验工作成绩	团队中的行为合作伙人际关系	学习态度 信息的评价运用和共享	工作中独立或共同承担责任	心理与生理要求
项目中的单项能力培养	目标坚定性 细心 准确 自我控制 系统工作方法 最佳工作方法 组织能力 灵活性 协调能力	口头表达能力 文字表达能力 客观性 合作能力 同情心 顾客至上 环境适应能力 社会责任感 公正 助人为乐 光明磊落	学习积极性 学习方法 识图能力 形式逻辑思维能力 想象能力 抽象能力 系统思维能力 分析能力 创造能力 在实践中运用理论知识的能力 触类旁通的能力	可靠性 纪律性质量意识 安全意识 自信心 决策能力 自我批评能力 判断能力 全面处理事务的能力	注意力 毅力 适应力

资料来源：吕景泉. 德国职业教育中的"关键能力"培养 [J]. 天津职业院校联合学报，2007（3）.

做出解释、思考和评判并开发自己的智力、设计发展道路的能力和愿望。它特别指独立学习、获取新知识的能力。"[69]社会能力是处理社会关系、理解奉献与矛盾、与他人负责任地最佳相处和相互理解的能力。它包括人际交流、公共关系处理、劳动组织能力、群体意识和社会责任心等。方法能力和社会能力具有职业普遍性，不是某种职业所特有的能力，它们能在不同职业之间广泛迁移，因此被称为"人格"或"人性"能力[70]。从行动模式看，职业行动的过程总是按照一定的规律进行的，也就是说，所有的职业行动过程总是按照一个"完整的行动"模式进行。它至少分为计划，实施，检查三个阶段。与职业行动相对应，职业能力就是独立地制订计划，独立地实施计划和独立地检验工作的能力，即独立地完成整体工作过程的能力。可见，德国的职业能力非常明确地指向职业岗位的能力需求。其职业能力获得与否的判定标准也是依据学徒是否能够完成相应岗位的工作任务来确定的。在德文中用来表示"能力"含义的词是"komptenz"，其含义是"能够……"，包含默会的、情感的成分。因此，"德国人并非仅仅关注操作技能本身，而是全面、细致、深入地分析影响操作技能养成的诸多方面。因为具体的操作技能至少是知识、心理运算过程和操作行为三者有机结合的统一体，同时也涉及职业态度和良好行为习惯的培养，心理素质和智力的提高，审美意识的提高等。"[71]

近期德国职业教育的改革向我们彰显了一种全新的趋势，即从完全的岗位能力本位的职业能力观向更为复杂的关系中的职业能力观转变。有学者认为，"能力发展作为才能、方法、知识、观点、价值观的发展涉及在人的整个一生中对其的学习和使用。"现代技术工人既要有能力完成定义明确的、预先规定的和可展望的任务。与此同时，他们又要考虑到自己"作为在更大的系统性的相关关系中"所产生的影响，这就要求具有灵活性和以启发性的方法解决限定的问题。例如，近期改革所提出的学习领域课程就把职业能力的范围扩大化，德国从新手到专家的职业能力发展阶段以及学习领域的理论描述了每个阶段的能力特征能做出的行动以及向上一个阶段发展需要的条件，具体设计了能力发展需要的四个学习范围（学习领域）。本书第 4 章将详述其内容。

由此我们看到其职业能力观向着复杂性和综合性方向转变。个人经验在这个理论中受到重视，职业能力的发展开始于个人经验，最终还要回归到个人经验。职业能力来自职业情境中的行动训练而又超脱职业情境而本体存在，即所谓源于职业情境而又高于职业情境。"个体行为的表层结构，即外在可观察到的行动、对事实确切真相的语言表达及态度，与个体行为的深层结构，即经验上不能直接观察到的层面如行动模式、思维模式和态度模式，是不同的。而这些模式正是上述表层结构的基础。"旨在能力开发的学习，其目标指向是：在个体与环境互动中，有条件及可持续而渐进地改变这一深层结构。这正是以人为本、全面发展的职业能力本位所要实现的目标。[72]

4. 澳大利亚对综合职业能力的研究

澳大利亚对职业能力的研究与关注开始于 20 世纪 80 年代，大致可以分为三个阶段：初期阶段（1985～1999 年）、被产业界引导阶段（1999～2002 年）和整合阶段（2002 年始）。职业教育和行业企业界都提出过各自的综合职业能力要素，其中初期梅尔委员会（Mayer Committee）的报告具有里程碑作用，许多关键性的成果至今仍然在影响着关于能力培养的教育政策[73]。梅尔委员会确立的综合职业能力有七大项，分别为：（1）收集、分析、组织信息（collecting, analysing and organizing information）；
（2）沟通想法和信息（communicating ideas and information）；
（3）规划与组织活动（planning and organizing activities）；（4）与
他人团队合作（working with others and in teams）；（5）运用数学
观念与技艺（using mathematical ideals and techniques）；（6）解决
问题（solving problems）；（7）运用科技（using technology）。此
七大能力内各自有其详细的内涵设定，并分为三个层次阶段，各
阶段中应达到的学习目标又有不同的描述。例如，水平 1 为有效
地承担行动和充分地自我管理以满足行动的清晰需要和根据标准
判断结果的能力；水平 2 为选择运用综合多项原理和从已确定的
标准判断过程和结果的质量的能力；水平 3 为评价和重构过程并
建立和运用原则以便于决定适当的行动方式和为判断过程和结果
的质量而建立标准的能力。

　　2002 年企业界〔the Australian Chamber of Commerce and In-
dustry（ACCI）and the Business Council of Australia（BCA）〕提出
的综合职业能力包含以下八项：（1）沟通技能；（2）联合作业
技能；（3）解决难题能力；（4）主动和进取精神；（5）计划和
组织能力；（6）自我管理能力；（7）学习能力；（8）技术能力。
在此基础上还增加了包含忠诚、诚实和正直、热情、可靠、个人
表现、共同观念、灵活性和处理压力的能力等个人品质特征[74]。
企业界提出的职业能力内涵具有以下明显的特征：将综合职业能
力与主要技能合并；在框架中增加了个人品质特征；通过一系列
的组成部分详细描述了每一项主要技能，它承认主要技能因不同
的工作情景而多样，同时保留广泛适用的主要的一般技能概念；
说明要完成某些与工作相关的技能，主要技能必须联合，例如，
为客户服务时就包括沟通和解决问题两项主要能力；揭示了没有
必要完成一个完美的能力清单，确定一套共同的、联合的、能导

致高水平工作表现的综合职业能力标准更具有建设性[75]。

澳大利亚职业能力的内涵在不断进行扩展中，有一般技能、关键能力和就业能力（技能）等不同的表述，这些侧重点不同的表达强调了不同历史阶段适应社会需求而做出的适当调整。相对于其他国家和国际组织职业能力的研究，澳大利亚有其独特之处：

一是整合多元组织共同参与研究。澳大利亚在职业教育改革中，研究主体并非由政府机构主导，而是吸收社会各界不同团体人员参加，企业界、商业、工业界、教师、学校行政部门等组成研究委员会，不仅能使多元力量参与教育改革，而且也可以确立职业教育与社会经济的真实结合。

二是强调信息沟通与团队合作能力的重要性。澳大利亚政府、企业界及社会各界都认为未来社会是一个以信息为主导的社会，青年人必须具备一定水平的信息素养及使用能力，才能够有效面对信息社会的种种需求与挑战。1996 年当时的教育部副部长阿兰·鲁比（Alan Ruby）在接受访问时就提到"澳大利亚过去可以说是个人主义的受害者，于是现在我们非常强调团队的价值，重视如何在团队中工作，以及合作与沟通的能力。"[76]在梅尔委员会七大关键能力内涵中就有两项"沟通想法和信息"和"与他人团队合作"。之后的研究报告和评估框架对沟通和合作也都给予了充分的重视和强调。

三是重视各项能力运用的整体性。在职业能力的框架中初期主要面向经济发展需要，但在不断地调整和修正中，职业能力不再局限于具体岗位的专门知识和技能的要求，而被视为多种能力品质的综合体现，在内涵和外延上为一较广泛的概念。增加了学习和文化理解以及适应能力等个人品质特征方面的能力，强调学习能力的培养，旨在为个人终身学习奠定基础，凸现了对人的全面发展的关注。着眼于技术手段、生产模式的变动性和劳动者的流动性，要求具备收集、整理、使用信息和新技术的能力。人际交往与合作共事的能力和组织、规划、独立解决问题与创新能力等都作为职业能力的重要组成。职业教育需要为改善个人生活和提高工作转换能力提供更为广泛的准备，而不仅仅是获得某一特定岗位的知识与技能。

四是以评价机制衡量能力培养质量。澳大利亚国家职业教育研究中心出台的第一个"国家职业教育培训研究与评估策略（1997～2000 年）"就把评价放在了突出位置，制定出了明确的能力内涵及具体目标作为检验学生是否达到教育与培训目的的最低标准，也是验证教育设想是否落实的重要工具。

综观四国对综合职业能力内涵的规定，我们可以得到一个结论，他们都包含以下六个方面：（1）基础能力，如读写计算能力使用技术能力；（2）与人相关联的能力，如信息交际团队工作客户服务技能；（3）理解思维能力，如收集和组织信息、问题解决、计划、组织、学习能力、创新和创造性系统思维；（4）个人品质，责任感、足智多谋、灵活、能够管理自己的时间、自尊；（5）与企业相关的革新、创业能力；（6）与社会相关的公民职责和权力。职业能力的内涵逐渐由强调单一方面转变为强调多个方面的综合影响。

3.2.4　对职业能力内涵的界定

职业能力作为一种客观存在是不容置疑的，然而现在的问题是如何用教育学的语言表述职业能力的内涵，如何表述职业能力的本质和特征，职业能力的理论还没有形成基本的系统的理论体系，甚至职业教育学界也没有取得共识。主要原因一是由于学界对职业能力的上位概念—能力概念争议不休，分歧很大；二是相对于普适性的能力概念，职业能力更具有实践性，更倾向于应用性，因而研究者往往放弃一些理论的纯粹性和逻辑的严密性，并倾向于追随职业教育实践的发展；三是由于职业能力也是一个日常的生活用语，人们普遍觉得职业能力的内涵不言自明，没必要进行深究。

本书对于职业能力的研究是从职业教育的视域出发的，立足点和出发点都是职业教育，现代职业教育具有职业性、技术性、社会性、终身性和全民性，其中职业性和技术性是职业教育的本质属性，其他特性是职业教育的派生属性。[62]我们既不能单纯从心理学的角度认识职业能力，也不要还习惯于用直译的外国名词来解读职业能力，但中国特色职业能力的内涵如何解读？

国内外对职业能力所下的定义或做出的定义性解释很多，为便于研究，可以将职业能力定义大致分为性质定义、条件定义、结构定义、过程定义和模糊性定义五种类型。

性质定义是从心理学的角度入手，运用心理学中的能力原理对职业能力的本质属性加以揭示，是较为严密和科学的。职业能力作为"能力"的下位概念，是"直接影响职业活动效率和使职业活动顺利进行的个体心理特征"。该定义侧重于职业能力的心理学意义，如果将其应用于职业教育，就显得较为抽象，不便于能力培养过程中目标的确定和实施。条件定义源自能力本位理论。能力本位所指的能力是完成一定职业任务所需的知识、技能和态度（有的定义还在此基础上增加了"经验"一词）。这一定义对我国的职业教育的实践产生了深刻的影响，许多职业院校都把这三个方面作为进行职业分析的主要内容，通过职业分析以使能力形成的目标具体化。结构定义则强调职业能力构成要素的综合性，认为职业能力是由多种元素复合而成，人们对职业能力的这种综合性的认识是较为统一的，但对其中的构成要素却存在着较大的分歧。过程定义从职业能力的形成过程来解释概念，持这种观点的人们认为，职业能力是与一般能力相对应的特殊能力，它是由一般能力经过发展和整合而形成的。"职业能力的形成和发展，必须参与特定的职业活动或模拟的职业情境，通过已有知识和技能的类化迁移，使相关的一般能力得到特殊的发展和整合，形成较为稳定的综合能力。"这一解释注意到了职业能力与一般能力的区别，同时也注意到了二者的联系[77]。还有就是模糊性定义，这一类定义显得比较普遍，它试图避开职业能力的复杂形式，对职业能力作出笼统的界定。但是如果将其应用于教育教学实际工作中，就会显得过于抽象和难于操作，不便于职业能力发展过程中目标的确定与实施。这些定义都有其一定的合理性，在一定程度上丰富和发展了职业能力的内涵。既展示了职业能力概念的复杂性，也促进了职业能力问题研究的开展。但是，它们又都在不同的维度上不同程度地存在着局限性。

　　以上是关于职业能力定义的一些分析，社会文化和学科背景的不同关于职业能力的争论从未有统一的结论，不同学科和学派对职业能力提出各自视角的诠释。"职业能力"作为"能力"的下位概念，应该具有能力概念的一般性质和特征，所以有人认为只要把能力的概念在职业教育学领域进行移植和演绎便可以得到职业能力的概念和特性。然而，现有的实践经验和研究成果表明，由于职业能力具有其独特的内涵，不只是能力概念的简单延伸，在目前的情况下，还很难用教育学的语言给"职业能力"下一个科学、普适的定义。仅凭思辨研究从教育价值论的视角看，职业能力并不是一种科学的事实范畴，而是一个不断发展、不断变化的教育价值范畴。为了阐明职业能力的科学内涵，比较现实和可行的办法是突出职业特性，依据相关的实证材料，给它一个全方位的概括性描述，或者说给它一个一般描述性的定义。但这一定义必须具备如下基本内容：（1）对于职业能力的理解，要有深刻的教育学理论背景，不能凭空设计；（2）职业能力的定义要着眼于职业活动本身；（3）职业能力的定义应能为职业教育实践提供理论指导，具有较强的可操作性。具有中国特色职业能力的内涵，是在改革实践和理论研究的基础上，在党和国家的政策指导下产生和逐渐完善的，职业能力是职业教育培养目标的核心内容，对职业能力的理解直接关系到培养目标的落实。

由此，本书将职业能力的定义表述为：职业能力是指个人从事职业活动所必须拥有的本领，它是进行职业活动所必须具备的知识、技能、态度和身体能力的整合，其中包括综合职业能力和基本职业能力。上述职业能力的定义包含以下内涵：第一，职业能力是个体所拥有的主体能力；第二，职业能力具有多个层次；第三，职业能力具有多个构成要素；第四，职业能力是动态发展的，其外在表现是动态的。职业能力不是单一的，而是具有多个层次和要素的动态系统。职业能力是个体在职业活动中逐步形成并表现出来的一种能力。职业能力形成、作用和表现于职业活动当中，是主体在职业活动中形成并表现出来的实际本领、能量。注意理解各层次职业能力的边界性和递进性，同时，还要注意理解职业能力各层次、要素之间的相互联系、相互作用，并通过由上而下的具体化，使之成为一个完整的体系。

根据结构主义的理解，结构就是指在由部分构成的整体中，各部分之间表现出的内在的一定的组织方式和关系。也就是说，事物总是按照一定的内在结构组成的整体，"一个结构是由若干个成分组成的；但是这些成分是服从于能说明体系之成为体系特点的一些规律的，这些所谓组成规律并不能还原为一些简单相加的联合关系，这些规律把不同于各种成分所有的种种性质的整体性赋予作为全体的全体。"[78] 因此，对职业能力结构的理解，也需要有个整体性的观点。仅仅将职业能力理解为三大因素组成，不仅不够准确，而且不够全面。因此，我们应改变职业能力的三因素模式，重新建立四因素模式，即职业能力是由专业能力、方法能力、身体能力和社会能力四大因素组成的整体结构（见图 3 – 1）。

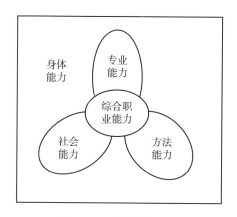

图 3 – 1　职业能力结构

　　本书从纵横两个维度构成职业能力的基本结构。其中，职业能力在纵向的结构层面可分为基本职业能力和综合职业能力，在横向的要素结构层面则包括专业能力、方法能力、社会能力、身体能力。基本职业能力即从业能力是劳动者从事一项职业所必须具备的能力，包括与具体职业密切相关的技术能力、社会能力和身体能力。其中，基本职业能力层面的专业能力是指具备从事职业活动所需要的技能及与其相应的知识，是劳动者胜任职业工作、赖以生存的核心本领，技术能力是基本的生存能力。对专业能力的要求是合理的职能结构和技术能力，强调专业的应用性、针对性。在职业教育中，人们主要是通过学习某个职业（或专业）的专业知识、技能、行为方式和态度而获得的。一般技术能力包括工作方式、方法、对劳动生产工具的认识及其使用和劳动材料的认识等。基本职业能力层面的方法能力是指具备从事职业活动所需要的工作方法和学习方法，是劳动者在职业生涯中不断获取新的技能与知识、掌握新方法的重要手段，对方法能力的要求是科学的思维模式，强调方法的逻辑性、合理性。基本职业能力层面的社会能力是指具备从事职业活动所需要的行为能力，是劳动者在职业活动中，特别是在一个开放的社会生活中必须具备的基本素质。社会能力的要求是积极的人生态度，强调对社会的适应性、行为的规范性。

综合职业能力是指具体的专业技术能力以外的能力，即与纯粹的专门的职业技能和知识无直接联系，或者说超出职业技能和知识范畴的能力。它强调的是，当职业发生变更，或者当劳动组织发生变化时，个人所具备的这一能力依然存在。包括制订工作计划、产品过程质量的自我控制和管理以及工作评价（自我评价和他人评价）；包括工作中的交流与协商的能力、利益冲突的处理能力、团队合作能力、批评与自我批评的能力、劳动组织能力、群众意识和社会责任心等。这一能力已成为个人的基本素质，使人们能够在变化了的环境中重新获得新的职业技能和知识，至少包括六方面：基础能力、思维理解能力、与人相沟通的能力、个人品质责任感、与企业相关的革新、创业能力、与社会相关的公民职责和权力。

关于职业能力的这方面内容还将在第4章中进一步阐述。

3.3　职业能力的特征

研究人的职业能力的特征，可以帮助我们进一步全面、正确地理解职业能力的内涵。同时，它对于研究人的职业能力的形成、发展、实现和能力建设都有重要意义。职业能力具有以下主要特征：

1. 可培养性

职业能力可以通过学习而养成，通过实践而完善。教育在提高人的素质方面的功能是举世公认的，这种素质既包括可能转化为职业能力的知识、技能，也包括思维力、记忆力、观察力、语言表达能力、绘画能力、音乐能力以及情感、态度和体力等。职业能力的可培养性是教育文凭长期以来一直被视作职业能力标志性证书之一的根本原因。

2. 职业指向性

职业能力是指向具体职业岗位的。不同的职业岗位的基本职业能力要求是不同的，掌握相关的专业知识、技能和行为方式、工作方法往往是学生能否进入某个职业岗位的前提条件。即便到了综合职业能力层面，在不同职业中的能力要求和侧重点也不尽相同。

3. 实践性

从过程来看，职业能力的形成和发展必须通过参与特定的职业活动或模拟职业情境训练，使已有的知识和技能类化迁移，使相关的一般能力得到特殊发展和整合，才能形成较稳定的职业能力。就结果来看，一个人职业能力的大小和水平需要通过职业实践来表现。职业能力是在后天的教育实践活动中逐步形成的，教育实践活动是职业能力形成的基础。职业能力与教育实践活动密切相关，前者只有通过后者才能得于成长、表现和确证。职业能力一经形成，便以心理能量的形式储存下来，作为从事职业活动的必备条件。

4. 个体差异性

受个性特征和个体经验的影响，对于不同的个体对象，既有能力指向目标的多样化差异，又有能力强弱和水平高低的随机性差异。学生职业能力的目标指向、水平层次与个人性格、兴趣、爱好和需要密切相关。职业能力的个体性，是说职业能力是职业作为个体在教育活动中通过体验、感悟、思考和实践等方式形成的，不同的职业个体，既有能力指向目标的多样化差异，又有能力强弱和水平高低的随机性差异。这也是实施职业指导和个性化教育的重要基础。

5. 动态发展性

在每个职业人成长的过程中都会经历"从初学者到专家"的五阶段职业能力发展模式。对于职业学校的学生，他们或许已经自觉不自觉地从生活、学校或工作活动中接受了或多或少、正确甚至错误的知识、技能和态度。职业能力的养成需要经过一个有序的发展过程。随着社会的发展和科技的进步，现代技术、工艺在生产中的应用越来越广泛，加上工作组织结构的变化，对同一职业岗位来说，不同时代的职业能力要求是不同的。这就要求从业者必须根据新的要求来不断充实、完善、提高自己的综合职业能力。

6. 可测性

指的是能力的量的规定性，是从能力的水平上看的。从量上看，作为人完成某种活动的实际本领的大小，职业能力是有大小的，其大小又是可以测量的。那么，职业能力如何测量呢？一方面，能力的实现总离不开一定的载体，人认识世界和改造世界的范围和领域就由能力的水平高低、大小所决定，因此我们可以通过观察人在完成职业任务中所取得的绩效大小来衡量能力的大小。正是由于人的能力大小、强弱决定了任务完成绩效的大小。这里，就涉及了能力与绩效的关系，绩效是人的能力充分正确发挥的必然结果，是对人的能力的一种确认。另一方面，能力大小的测量可以通过对人所掌握的知识多少、技能水平高低以及个人所表现出来的高下来判断。

7. 评价上的模糊性

职业能力在某种意义上说也是一种客观存在，但对职业能力的评价，却不可能像度量一般的客观物体那样，用一个准确的数字来表示。因为蕴藏在人们身上的东西本来就是模糊的，这是由它的生理特征和心理机制所决定的。即使外显的职业行为，也常常是多种因素综合作用而产生的，我们很难说某一行为就是职业能力的外在表现。因此，我们在评价职业能力方面，就客观地呈现笼统、模糊的特征。

| 第 4 章 |

职业能力的培养

对职业教育而言，职业能力研究根本的落脚点就是在形成与积累机理的分析上。本章将探讨的是学生职业能力发展的机理。我们把机理这一概念引入职业能力形成与积累的研究之中，便意味着应该从整体上去考察职业能力的发展过程，包括职业能力发展过程中各个要素和层次的整体性功能及其规律，发展过程中各个部分之间的交互作用以及和系统外其他因素之间的交互作用等。不言而喻，研究职业能力发展机理，是为了揭示职业能力发展的复杂而生动的过程。因此，它的立论重点并不在于一般地分析职业能力构成要素，而是力图通过对职业能力形成与发展过程的考察，来对多因素、多变量的职业能力发展作一种整体的、动态的刻画。这方面的研究可以为学生职业能力培养的有效或无效提供解释性答案。因此，我们将在前面理论分析的基础上，寻找职业能力形成发展的内在机理，详述其生成发展中的影响因素，进而提炼出宏观层面的培养范式。

4.1　职业能力形成与提升的机理

职业能力是指个人从事职业活动所必须拥有的本领，它是进行职业活动所必须具备的知识、技能、态度和身体能力的整合，其中包括基本职业能力和综合职业能力。为了研究的需要，本节将分别阐述知识、技能、态度的形成以及身体能力的培养，并提出职业能力的形成与提升是基于基本职业能力与综合职业能力的匹配机制。从实践来看，能力的形成有时是无法言传或难以表达的，它是一个从知识到动作、由不熟练到熟练、由不准确到准确、由静态向动态转化的过程。职业能力的习得是一个人由初学者到专家的成长过程，具有阶段性。

4.1.1　职业能力的形成过程是知识、技能和态度内化、迁移、整合的过程

1. 知识的学习

本书第 3 章分析职业能力的内涵时分析了知识的定义与分类以及知识研究的最新成果，无论如何进行分类，知识是职业能力基本结构中不可缺少的组成部分，知识的获得和积累是职业能力的形成、发展的基础。这里的知识既包括文化知识也包括专业知识，既有外显知识也有内隐知识。一般把知识的学习划分为习得、巩固和转化、迁移和应用三个阶段，对于职业能力的研究是适用的，当然这三个阶段是学生的内心活动过程，它需要外在教

学手段的诱发。习得是知识掌握的首要环节，指为了了解传输知识的媒体的含义，懂得词所标志的事物的情形、性质，对事物获得间接认识的过程。该阶段陈述性知识和程序性知识尚未分化，是新材料习得的意义阶段，主要是通过对教材的直观与概括两个环节实现的。在第二阶段里，新知识主要有两种发展方向：一部分知识被贮存下来，通过恰当的复习，这部分知识将形成知识结构中新的有机组成部分，有的甚至能改变原有的知识结构，而得到巩固；另一部分知识经过各种变式练习，转化为程序性知识。复习是知识得以巩固和转化的重要条件。第三阶段，知识的真正掌握不仅体现在领会知识和巩固知识这两方面，还体现在主动而有效地应用知识去解决有关问题，即知识的应用。知识的应用是掌握知识的一个必不可少的阶段，从广义上讲，凡是依据已有的知识经验去解决有关的问题都可以叫作知识的应用。而狭义的知识的应用主要指作为掌握阶段之一的知识的应用，即指学生在领会教材的基础上，依据所得的知识去解决同类课题的过程，如根据所学的概念、原理来解释有关的现象、证明某一定理等[79]。在本阶段对学生而言，是知识的迁移和运用，对教学过程而言，是进行学习结果的测量和评价，教师应针对不同类型的知识，采取不同的行为指标，设计不同的问题情境，获得真实可靠的评价结果。对此，在本书第5章将详细讨论。

2. 技能的学习

职业教育与普通教育的根本区别在于职业技能培养，在人的本领结构中，知识与技能是相辅相成的，它们共同构成了人类认识世界、改造世界，认识自我、发展自我本领的主体结构。就其分工而言，两者则各有侧重：如果说"知识"是思想的本领，那么"技能"就是行动的本领；如果说"知识"的价值在于用思想认识世界、认识自我，那么"技能"的价值就在于用行动改造世界、改造自我。与知识学习的目的是理解并应用不同，技能的形成要经过一个不断练习、逐步发展的过程。身体能力在技能学习尤其是动作技能的习得过程中作用尤为突出。在人类身体和技术的关系中，个人是一种总体性的人，在生物的、心理的和社会的维度中活动①。技能学习过程一般由以下三个阶段组成：

（1）认知与分解阶段。人们在学习某种技能的初级阶段，首先是观察事例或接受指导，然后进行模仿。最初往往把整个技能分解为若干个单元，然后对其进行逐个模仿。这一时期，学生的主要任务是观察和模仿，教师的任务对每个技能单元都要非常详细地给学生演示，而且演示的时间要很好地把握。时间过长会让学生产生厌烦心理，时间过短又会使学生不能很好地掌握基本技能。

（2）整体掌握阶段。在对技能进行分解模仿的基础上，经过反复练习，就可以逐步将各个局部动作和步骤联系起来，初步完成连续的动作或思维程序。这一阶段学生的难点是如何将各技能单元之间联系起来，所以教师讲解的关键在于讲清各技能单元之间的关系，使学生能够整体掌握各个分散的技能单元，融会贯通。

（3）协调熟练阶段。在整体掌握的基础上，再经过不断练习就能熟练掌握技能。这一阶段以学生练习为主，练习的目标是达到熟能生巧。学生对整套技能操作起来得心应手，动作以肌肉运动感觉为主进行控制，一个动作完成以后下一个动作自然地随之而来，规则完全支配人的行为，即程序性知识（技能）达到熟练

---

① 马塞尔·莫斯，爱弥儿·涂尔干，亨利·于贝尔. 论技术、技艺与文明［M］. 北京：世界图书出版公司，2010：78.

化。指导教师的任务一方面是指导学生进行系统的、有目的的练习，另一方面是解答学生在练习过程中的疑难问题。应特别指出专门训练是技能养成中的重要环节，专门训练以其高度的"复杂性"和"精致性"成为技能养成过程中的关键性因素之一。训练中的模拟也通过创设良好的"人—技术—世界"的关系，成为专家技能养成的重要推动力。

（4）灵活运用阶段。技能在定型化（稳定性）的基础上，能根据情况的变化，顺利应用技能的有关概念和规则支配与调节自己的行为，灵活、迅速而准确地完成技能，并能运用技能进行创造性的工作和在工作中创造性地使用技能。

技能的形成主要靠练习，练习的效果往往取决于练习的方式。实践证明，在练习的过程中将任务分成若干段落一步一步地进行效果较好，每一步之间应有适当的休息时间，每一段落要有练习重点。在分解模仿阶段，练习的重点是各个技能单元的基本操作；在整体掌握阶段，整个技能过程的连贯性操作是练习的重点；而协调熟练阶段，练习的重点则是整个技能操作的熟练性和技巧性，直至能够灵活运用。

3. 态度的养成

态度是通过学习形成的影响个体行为选择的内部准备状态或反应的倾向性。它由认知成分、情感成分和行为成分构成。职业教育中态度的含义更为具体一些，除一般意义态度外，它还包括职业精神（敬业精神、创新精神）、职业信念、职业道德等。[80]职业态度是各行各业对从业者特殊的素质要求，是指人们在一定生理和心理条件基础上，通过教育培训、职业实践和自我修炼等途径形成和发展起来的，从事专门工作中内在的、稳定的、经常起作用的品质。因此，在学生职业态度培养方面，重点是培养学生的非智力因素与职业发展有关的部分，如职业理想、勤奋坚毅、诚实守信、开拓创新、团队精神等，以利于职业能力的形成。态度的形成和改变一般要经过顺从、认同和内化三个阶段。顺从是表面接受他人的意见或观点，在外显行为方面与他人一致，而认识与情感上与他人不一致。这时，个人的态度会受到外部奖励与惩罚的巨大影响，这种态度是由外在压力形成的，如果外在情景发生变化，态度也会随之变化。认同是在思想、情感和态度上主动接受他人或集体的影响，不受外界压力的影响，比顺从深入一层。内化是指在思想观念上与他人的思想观点一致，将自己所认同的思想和自己原有的观点、信念融为一体，构成一个完整的价值体系。

4. 知识、技能、态度内化迁移与整合

知识、技能、态度的习得或简单应用，并不等于已具备了职业能力。学生职业能力的形成和发展，必须参与到特定的职业活动或模拟的职业情境中，通过对已有的知识、技能、态度等的类化迁移，特殊地发展与整合，才能形成职业能力。

迁移学习也称训练迁移，指一种学习对另一种学习的影响，也可以说是将学得的经验（包括概念、原理、原则、技能技巧、技术方法以及态度等）改变后运用于新情境[81]。学生的学习成效不仅只是掌握知识、技能，还在于使学生能够在新问题或新情境中应用知识、技能去解决实际问题，这就涉及学习的迁移。迁移广泛存在于各种知识、技能与行为规范的学习中，通过迁移各种经验得以沟通，经验结构得以整合。迁移也是学生进行问题解决的一种具体体现，要有效地解决某种现实职业活动中的具体问题，除需要一些基本的分析、综合、抽象、概括等思维活动外，还需要应用头脑中已有的经验。能否将原有的经验迁移到目前的

问题情境中，这直接决定了能否解决问题。迁移是习得的经验得以概括化、系统化的有效途径，是能力形成的关键环节。学习的最终目的并不是将知识经验储存于头脑中，而是要应用于各种不同的实际情境中，形成职业能力，来解决现实工作中的各种问题。只有通过广泛的迁移，原有的经验才得以改造，才能够概括化、系统化，使原有的经验结构更为完善、充实，不断整合为稳定的心理调节机制，从而广泛、有效地调节个体的活动，解决实际问题。应用有效的迁移原则，学生可以在有限的时间内学得更快、更好，并在适当的职业情境中，主动、准确地应用原有经验，防止原有经验的惰性化。当然教师可以应用迁移规律进行教学设计，在教材的选择、编排、教学方法的确定、教学活动的安排、教学成效的考核等方面，加快教学进程，提高教学效果。

知识、技能和态度通过类化迁移最终将走向整合。整合是经验的一体化现象，即通过分析、抽象、综合、概括等认知活动，使新旧经验相互作用，从而形成在结构上一体化、系统化，在功能上能稳定调节活动的一个完整的心理系统[82]。整合可通过同化、顺应与重组三种方式形成。同化是指不改变原有的认知结构，直接将原有的经验应用到本质特征相同的一类事物中去，以提示新事物的意义与作用，或将新事物纳入原有经验结构中去；顺应是指将原有经验应用于新情况中时所发生的一种适应性变化，当已有经验结构不能将新事物纳入其结构时，需调整原有的经验或对新旧经验加以概括，形成一种能包含新旧经验的更高一级的经验结构，以适应外界的变化；重组指重新组合原有经验系统中某些构成要素或成分，调整各成分间的关系或建立新的联系，从而应用于新情境。通过同化和顺应这两种整合方式，可促进新旧经验的概括化；通过重组，可促进经验的系统化；通过不断迁移，经验得到整合，经验系统得以逐步地概括化、系统化，最终形成职业能力。

4.1.2　职业能力的提升是在职业实践中实现的

从对职业能力内涵的分析可知专业能力是职业能力中最基本的要素，它的培养依靠人的职业实践的支持，从某种程度上讲职业教育不但要解决"为什么这样做"的问题，更重要的是解决"做什么"和"怎么做"的问题。职业教育更侧重于做即实际操作。在实际操作过程中存在大量的"工作过程知识"，工作过程知识是职业教育教学内容的主要组成部分，对职业学习具有重要意义。对此，中外学者普遍达成共识。

20 世纪 90 年代，德国不来梅大学技术与教育研究所（ITB）与德国大众汽车公司合作，提出基于工作过程的职业教育课程理念和设计方法，称为"以工作过程为导向的整体化工作任务分析法（BAG）"，并于 21 世纪初在德国职业教育中推广。这种方法打破了传统学科系统化的束缚，将学习过程、工作过程与学生的能力和个性发展联系起来，在培养目标中强调设计与建构能力的培养[83]。

工作过程知识是指与工作过程相关的概念和方案，工作过程知识分为三种类型：概念性知识（知道做什么"know that"）、程序性的知识（知道怎样做"know how"）、用于引导行动的知识（知道为什么做"know why"）（见图 4 - 1）。工作过程知识不是从理论知识中引导出来的，它与反映的工作经验相适应，并指导实际的职业劳动。工作过程知识是隐含在实际工作中的知识，不仅包括显现的指导行为的知识，如程序化，也包括相联系的隐性知识——那些物化在工作过程中及产品和服务中的诀窍、手艺、技巧和技能等最宝贵和最昂贵的工作过程知识。它们不像显性知识那样容易被模仿、复制和传递，但它们对工作过程的进程却是非常重要的。和震在《构建职业技术教育学理论体系的思考》一文中认为工作过程知识是构建职业技术教育学的逻辑起点，把"工作过程知识"称为"工作知识"，是"指根据工作需要并且按照工作过程的逻辑进行组织的综合的介于经验性知识与理论性知识之间的一种特殊知识"。并且"职业技术教育内容的实质，应该是由其内容中的主导成分所决定的，这个主导成分就是来自工作过程的工作知识。"[84] 要有效地获得提升职业能力，理想的方式是把职业教育的课程结构与工作结构对应起来，从工作结构中获得职业教育课程结构。"不同的能力不仅来自不同的知识，而且来自不同的知识结构。根据这一基本原理，要有效地培养学术能力，就必须把学术教育课程结构与学科结构对应起来，从学科结构中获得学术教育课程结构；而要有效地培养职业能力，就必须把职业教育课程结构与工作结构对应起来，从工作结构中获得职业教育课程结构。"[85] 因为工作知识不存在其自身独立的存在形态，而是附着于工作过程的，职业能力的获得也来自工作过程即职业实践活动之中。同时，与工作过程相关的技能实际就包含在工作知识之中，与工作过程相关的态度就包含在工作知识的学习过程之中。

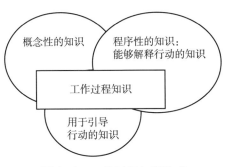

图 4 - 1　工作过程知识构成

资料来源：Felix R, et al. Competence Development and Assessment in TVET（COMET）：Theoretical Framework and Empirical Results［M］. Springer, 2012.

总之，人的职业能力只能在真实的职业情境中通过实践获得。知识不等同于技能，必须经过实践的锤炼，个体才能将所积累的知识转化为技能，并成长为高水平专家。这个过程中，实践就成为必不可少的关键环节，职业能力的积累提升有赖于持续的富有挑战性的职业实践。

4.1.3　基本职业能力和综合职业能力协调发展的规律

本书第 3 章将职业能力内部构成理解为基本职业能力和综合职业能力。本书赞同北京师范大学俞启定教授的观点，他认为，职业教育推崇"关键能力"弊大于利，使学生扎实地学到一技之长，掌握一专之能，应该是真正的"关键"。我们的职业教育目标定位，首先体现适应性，即要养成基本职业能力，然后才是适应面，即拓宽职业适应范围；首先注重入职、任职的基本需要，然后才是进一步的职业发展需要。[86]职业能力的基本特征表明：职业能力以技术应用能力为主线，主要是在生产、技术管理和服务等不同领域发挥作用；随着知识经济的到来，职业能力以层次性而言，是一种层级结构，以复合性而言，是一种网络结构；职业能力紧紧依附着职业，对于不同的个体对象，既有能力指向目标的多样化差异，又有能力强弱和水平高低的随机性差异；职业能力随着社会的发展和岗位的变化而发生迁延。职业能力包含着基本职业能力和综合职业能力的基本结构，只不过不同层级或者偏重基本职业能力或者偏重综合职业能力。因为对于现代技师而言，专业能力和关键能力的协调发展是他们取得职业能力的必经之路。在许多概念中都涉及了"整合"（integrate）一词，从字面上理解，整合就是通过协调、组织将不同的竞争组合成有机的整体，使之发挥更强大的作用。可以说，职业能力是指个人从事职业活动所必须拥有的本领，它是进行职业活动所必须具备的知识、技能、态度和身体能力的整合，基本职业能力和综合职业能力协调发展构成个人的职业能力。将职业发展视为个人能力的发展，当然在这一过程中也包括职位的升迁，但更多的是工作经历的变迁以及与工作经历变迁相伴的能力增长。

4.1.4 身体能力是职业能力得以实现的基础

对于职业能力中的"身体能力"（或称"职业体能"），不同职业对人体身体素质（包括心理）的要求不同，目前国内研究较多的集中在如警察、战士、运动员等特殊行业中，有学者以"适能"的称谓，他认为，"适能"就是指身体对外界适应能力，完整适能包括身体适能（physical fitness）和心理适能（psychological fitness of mental fitness）。身体适能简称"体适能"，包括健康相关的体适能（health-related physical fitness）和竞技运动相关的体适能（sports-related physical fitness）两大范畴，良好的健康相关的体适能可以让身体应付职业工作、闲暇活动和突发事件。[87]那么，与职业相关的人体身体素质（包括心理）包含内容应是多方面的。例如，依据劳动和社会保障部认定的职业分类目录和教育部《普通高等学校高职高专教育指导性专业目录（试行）》，结合各职业岗位劳动（工作）时的主要身体姿态进行相对地分类，共分为五类。静态坐姿类主要是会计、文秘、行政办事员、IT行业等岗位；静态站姿类主要是营业员、酒店前厅接待、空中乘务员等岗位；流动变姿类主要是营销（推销）员、导游等岗位；工场操作姿态类主要是机械、生产线操作工等岗位；特殊岗位姿态类主要是警察、野外作业人员等（见表4-1）。[88]

表 4 - 1　　　　　　　　　　　　　职业体能实践体系内容

岗位姿态	岗位名称	对应专业	身体素质要求	应有素养	实践课内容
流动变姿类	市场管理员、营销员、导游	行政管理、国贸、市营、金融、房产	腰、腿力量、耐久力	交往能力、形态气质、团队精神	户外素质训练、拓展训练与体育欣赏、形体训练与体育游戏
静态站姿类	前厅接待、营业员、空乘	酒管、会计、文秘、空乘	腰、腿力量	形态气质、交际能力	形体训练、拓展训练、瑜珈平衡能力练习
静态坐姿类	会计、秘书、行政内勤	会计、文秘、企管、网络、投资、电商	颈、肩部力量、上肢力量、指腕力量	心理调节、坐姿、团队精神	办公室健身操、形体训练、瑜珈、安全防范技巧
工场操作类	汽修工、机械工、建筑工、电焊工	汽检、汽修、汽电、物流	上肢力量、腰腹力量、腿部力量、反应灵敏性	注意力、心理调节能力	力量素质、拓展训练、灵敏与注意训练

资料来源：武斌. 高职院校学生职业体能培养体系研究 [J]. 中国职业技术教育，2010（3）.

职业能力具有鲜明的本体性，它潜在于个体的头脑和身体之中，没有人能够清晰地说明或将其完美地剥离，它是以人的职业行为的方式与个体自身整合在一起的。职业能力一旦离开了人，离开了人的职业行为就无法存在，它能在一定程度上被发现、被表达，但能够表达的往往只是职业能力的极其微小的部分，它更多的是深入个人的思维和行动中，体现在具体的职业情境里，潜在地、无意识地发挥着巨大的作用。

4.2 职业能力的影响因素

职业能力的形成与提升不是在真空中发生的，要受到很多因素的影响，职业能力在其构成要素与影响因素的互动过程中得以形成，并不断发展。这些因素主要有以下几个方面。

4.2.1 先天性因素对职业能力的影响

素质本义是指人的心理发展的生理条件；从延伸意义上来看，素质一般泛指人的身心倾向和内在潜能的总称。素质既具有自然性，也具有社会性：一方面，它具有人的先天生理解剖的特征，带有与生俱来的性质；另一方面，它又是在人的先天性因素基础上通过教育和学习，由知识的内化而获得的。素质中的先天性因素是职业能力形成与发展的物质前提，如果没有一定的素质条件，再好的后天环境，再好的家庭影响、职业教育及个人的主观努力，都很难使某种职业能力得到充分的形成与发展。犹如良好的发音器官和听觉器官，是音乐才能形成与发展的基本前提，一个没有清脆的嗓音、优美的音质、伶俐的口齿的人，是不可能当好播音员的。人的天资条件往往成为职业能力形成至关重要的因素，基本条件优良的学生容易在本职业领域做得更为优秀，创造突出的业绩。那些基本素质较差的学生，在同样的职业教育与职业实践中，要形成和发展某种职业能力，需要做出比别人更多较大的努力，也往往要比那些素质优异者形成的速度慢、发展的水平低。遗传素质随着人的年龄的增长，有个发育、成熟及衰退的变化过程。青少年时期是遗传素质的发育阶段，也正是培养职业能力的最佳时期。先天性素质是能力形成和发展的自然前提，离开了素质这个前提就根本谈不上能力的发展。但是，素质本身并不是能力，也不能由素质来决定能力，它只能为一个人能力的发展提供可能性，只有通过一定的实践活动才能使这种发展的可能性变成现实性。既要重视人的潜质产生的作用，也不能任意夸大它的作用，因为遗传素质本身并不是职业能力，它只是为职业能力的形成提供了某种可能性，要使这种可能性变为现实，还必须通过实践活动。

4.2.2 家庭因素对职业能力的影响

家庭教育对其子女职业能力的形成与发展起着重要影响作用，这种作用主要表现在：第一，父母职业是孩子最早观察模仿的角色，孩子必然会得到父母职业技能熏陶。父母亲的职业意识、职业态度及职业个性品质与相应的行为表现，潜移默化着子女最初的职业态度、职业个性的形成。而职业态度、职业个性又不可避免地影响着他们职业能力的形成与发展。第二，家庭教育对职业学校的教育有一定的影响作用。教育方式的不同，造成他们认知世界的方法不同。家庭教育应与职业学校教育相配合，帮助学生正确树立成才观，使其成为职业学校教育的有益补充，这样有助于促进学生职业能力的顺利发展。家庭教育如果与职业学校教育不能很好地协作配合，甚至发生矛盾，这样的家庭教育将不利于学生职业能力的形成，甚至可能会对学生职业能力的形成起着削弱和抵制的消极影响作用。总之，父母的受教育状况、社会地位、家人的期望、价值观、态度、行为、人际关系等对个人的职业选择和职业发展产生直接和间接的深刻影响。

4.2.3　学校教育因素对职业能力的影响

学校教育不仅有计划、有组织地向学生系统传授专业知识和能力标准，而且还能通过各种活动来训练、培养学生某些特定的行为习惯和道德信仰。学校的教师、教学、活动、环境等因素都对学生职业能力的形成产生影响。一是教师始终是影响学生职业能力形成和发展的最重要的客观因素。首先，教师渊博的专业知识可以促使学生形成基本的职业知识基础。其次，教师与学生的个人交流，既可以通过教师流露出的期望决定学生职业行为发展的方向，又可以通过教师在教学过程中所表现的能力水平等，对学生的职业能力形成和发展产生深刻的影响。最后，教师的言行不仅为学生的职业行为提供了可模仿的榜样，而且随着学生认识水平的提高，教师的身教价值将日益明显。许多人认为职业教育的重要任务，就是要使学生掌握基本知识、基本技能。仅此而已是不够的，还应把培养学生良好的职业个性品质作为重要任务之一。二是职业学校的教学内容与范围面较宽：设置的专业具有"指导性"的意义；通过传授系统的文化科学知识，使学生具有基本的技能与技巧；培养和开发学生的智力与能力；增强学生的体力，促使其身体各部器官及其机能正常发育；培养学生辨证思维能力和良好的道德品质；提高学生的综合职业素质。在进行职业知识、职业技能教育的同时，职业价值观教育也是不可或缺的，是职业学校教育区别于单纯的职业培训的本质所在。在使用身体技术的所有这些要素中，有关教育的各种事实是占主导地位的。教育的观念和模仿的观念重叠在一起。[①] 三是活动（主要是指实践课程）是对学生进行职业能力培养的主导力量之一。它对学生能力的形成和发展具有重要的作用。活动是学生个体职业能力形成和发展的源泉与动力。四是学校环境对于学生职业能力的形成和发展的影响力量也是一项不容忽视的因素，学校的组织环境，包括课堂气氛、学习风气、教学态度、集体舆论、人际关系、校园文化等，对学生职业能力的形成和发展的影响作用是不可替代的。一些非正式团体或者说是非正规因素对学生职业态度、行为习惯的形成和发展同样具有重大的影响。影响学生职业能力形成和发展的学校教育因素还有很多，以上仅是其主要方面。

4.2.4　职业实践活动对职业能力的影响

实践性是职业教育区别于普通教育最显著的特点。职业实践是培养学生进行职业能力最直接的方法和途径。专业知识、基本职业技能怎样才能转化为职业能力呢？只有通过实习、实训等实践活动才能实现这种转化。这是因为能力与活动密不可分，各种各样职业能力的形成，只有通过相应的各种形式的实践活动才有

① 马塞尔·莫斯，爱弥儿·涂尔干，亨利·于贝尔. 论技术、技艺与文明［M］. 北京：世界图书出版公司，2010：82.

可能实现，否则，只停留在口头上，写在纸上，记在脑子里，职业能力的形成只是一句空话，是根本不可能的。正如使用计算机的能力，只有通过操纵计算机才能形成，车工的能力，只有亲自操纵车床才能培养。一个劳动者只要把职业作为满足需要的手段，那么职业实践活动就会对他提出一定的要求，这种要求往往会与其职业能力发生一定矛盾，要解决这种矛盾，只有不断提高自己的职业能力，才能顺利完成职业活动，从而使自己的需要得到满足。职业实践活动对于学生的职业能力的形成，在一定条件下起着关键性作用。当然前提是从业者具有形成某种职业能力的正常的素质基础，在一定素质基础上，其职业能力的形成与发展，以及发展到何种水平，主要决定于人的职业实践活动，个人的主观努力是职业能力形成和发展的内在动力，尽管先天因素和后天的教育对职业能力的形成和发展具有巨大的制约力，但个人的主观努力才是最重要的决定因素。因此，在培养学生职业能力的教学活动中，必须充分发挥学生的主体作用，在教师的引导下，调动他们的学习积极性，引导他们参加实践课教学、参加实践训练、参加社会实践，如果他们的主观能动作用调动起来了，学生就会挤时间，想办法，创造性地开展实践训练活动，使其职业能力逐步形成与提高。

职业实践是职业院校教学过程中重要的一环，同时也是个体在其职业发展过程中从新手成长到专家的必要条件，前文提到过在英文中职业能力对应的词是"competence"应当译为"任务胜任力"。"任务"说明任何职业能力都是具体的，是和一件件任务相联系的。也就是说，脱离具体任务的职业能力是不存在的，职业能力是在与岗位工作相关的职业实践活动中逐步获得与发展的，只有当实践过程中出现的问题激起个人的思考，在解决问题的过程中，主动整合知识和经验，才能使职业能力得以发展。职业能力发展的阶段性与生涯发展的阶段性是相互统一的，生涯发展的每一个阶段都有不同的任务：首先，个体成长阶段是个体职业生涯发展的潜在阶段，这个阶段虽然并不直接影响专业的选择和专业学习，却在深层上约束着个体未来专业选择和个人发展的方向与潜质；其次，探索时期是学习的关键时期之一，这个时期个体通常在学校中接受专业知识和训练，为后期的持续发展奠定基础；最后，建立阶段是个体在实践过程中逐渐完善和提高职业能力的黄金时期，职业能力经过实践的检验而越发地成熟和贴近现实，在这个阶段里，个体的终身学习和反思实践将在职业能力的发展过程中发挥重要的作用。

4.3　职业能力形成与积累的主要范式

近年来，有关职业能力的不同层次、不同行业、专业、岗位培养模式的实践和研究，涉及电力、汽车、机械、会计、旅游、医疗等。基本上都是在学习、借鉴的基础上，根据本土实践的具体情况进行构建的，对不同行业的职业能力的结构与层次进行区分和标准化，对高职、中职学生职业能力培养策略、模式、课程开发进行探索和总结。国外职业教育中关于职业能力的培养模式也大都定位在校企合作这一层面。如德国的"双元制"、法国的"学徒培训中心"、澳大利亚的"新学徒制"及日本的"企业教育"等。总结职业教育的实践，目前在职业能力的形成与提升方面的主要范式有：

4.3.1 职业学校教育与职业能力形成与积累

相对而言，职业学校教育在职业能力的形成与积累上有显著的优越性：第一，职业学校教育既对学生进行一般知识技能的传授，又对学生进行专业化的教育，形成专门领域的职业技能，学校能同时担负起基本职业能力与综合职业能力形成的任务；第二，在教学体制上现代职业教育更强调与生产实践的紧密结合，注重实践性教学，因而有利于高技术含量的基本职业能力的形成；第三，由于职业教育是有目的、有计划、有组织地开展教学活动，有较高素质和经验的教师队伍，因此，职业能力的形成与提升相对而言是高效的，可更好地适应现代经济对大量应用型人才的需求。具体途径有：

1. 学校构建符合职业能力学习需要和本质的专业课程模型

基于上文对职业能力形成机理的认识，可以说职业教育具有的三种学习模式即：（1）知识获得（一般的和相关专业的）；（2）实践技能的发展（一般的和特殊的）；（3）工作场所的经验。课程结构是影响学生职业能力形成的重要变量，为使获得职业能力的教育和训练的整合易于实施，建立这种课程模型能够实现以下目标：一是在正规教育正规训练实训和工作场所经验之间建立联系；二是在公共教学、个体教育和训练以及工作场所建立合作；三是建立一种带来职业目的内化的学习项目发展的共同语言。为了保证职业能力的学习成果，课程模型应该反映获得职业能力需要的组织和三种学习模式的关系（见图 4-2）。

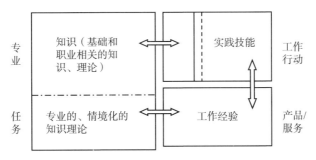

图 4-2　形成职业能力的整合专业课和实践的课程模式

　　知识学习的内容由可组成学科的一系列的题目组成，这些知识内容必须支持和支撑学生能够成功地实施实践行动，这种实践行动能够促进技能发展。实践技能的发展也同样地能够分为两部分内容：能够适用于职业群的基础应用或者有组织的学习内容和能够适用于更专业的特殊的应用内容。实践技能学习内容常通过模数的方式被描述。工作场所经验形成与发展适用于特殊情境中的职业能力，应该以完成指派岗位的产品生产或者服务为结果。课程模式的应用性要求课程的内容以解决问题为中心，而不是以学科的理论体系为中心，体现职业能力结构的完整性，而不是知识体系的完整性；在一定程度上，将职业标准转化为课程内容，应紧紧围绕所要解决的职业领域的问题，服务于学生基本职业能力和综合职业能力的提高。课程的设置不应局限对学生单项技能的训练上，而应着眼于综合技能的整合，使学生能从容地步入社会，应对完整真实的职业任务；不应局限在对学生的某种技艺训练上，而应该关注学生整个职业生涯，要着眼于学生的自我学习、自我发展，引导学生获得能够裨益终身的职业能力。

2. 专业教师实施过程性知识的教学策略

　　通过知识分类可以了解，学生所学专业知识有过程性知识与原理性知识。对过程性知识的分析与原理性知识的分析不同，它包括辨别一个可应用过程的情境，回忆此过程性知识所包含的内容：应用过程中的步骤；如有需要，在分支点做出选择；完成所需分支内的步骤；查明过程已被正确应用。对教师，尤其是专业教师的教学而言，主要是：（1）建立教学目标即描述将要学习的过程知识及其应用范围，使教学目标个别化和可视化。（2）加工教学内容：学生观看了示范和了解了练习的步骤后，就需要进一步学习把这些步骤结合成一个清晰的整体。对简单过程而言，掌握其步骤、序列是容易的；对复杂的过程，则需要使用图表或流程图的形式描述过程的各个步骤。一个提高对步骤的记忆的策略是对步骤或序列的意义进行讨论。如果通过讨论产生了对学生特别有意义的信息，那么学生就可以更加容易地记忆这些步骤。（3）提供应用此过程的情境来练习，并且练习解决更加多样化或更加复杂的问题。（4）评价性反馈使学生知道他们完成不同复杂程度过程的技能和应用过程，以及常犯的错误，使学生明白有哪些具体的前提知识还没有掌握。

通过如此教学策略实现以下教学目标：

（1）职业认同。学生在感知阶段对将要从事的职业、工作岗位和能力要求有一个整体的感知和认同，明确将要从事的工作需要具备的知识与能力，明确专业学习的目的及内容，以初步形成对专业的感性认识，并产生对职业能力学习的兴趣。采用现代师徒模式，通过在企业中真实的工作环境的体验和交流，企业专业技师在指导过程中，将自身积累的难以用文字、语言和数字公式等精确表达的个人价值观、行为等经验，在潜移默化中进行授受；学生在企业专业技师的指导下，通过观察、模仿等方式，在实际工作中领悟技师的工作技巧，甚至领悟一些连技师都不很清楚的技巧，通过在解决问题过程中获得经验，从而大大提高对职业能力的感悟。

（2）模仿标准。标准化是指企业提高产品质量的一系列质量管理标准规定，即对产品的质量、规格及其检验方法作出统一的技术规定，并予以实施。这是社会大生产的客观要求，也是组织生产专业化的重要条件。即在这个不断试错的阶段，按照实际生产中的标准化来要求，包括产品或零件、部件的类型、性能、尺寸、所用材料、工艺装备、文件的符号与代号等生产的标准来进行错误尝试。正如烹饪中的煎鱼能力训练，材料必须是活鱼一样。有研究表明，适当减少反馈频率和延缓反馈时间更有利于运动能力的学习，反馈的频率、提供反馈的时机与任务的性质有关。模仿阶段，无论是错误动作还是正确动作出现的时候，教师要能按照实际生产、加工中的标准根据任务的性质来安排指导和反馈，给个体领悟和思考的时间，使个体在能力获得的过程中真正体会练习过程中的动作或活动方式的变化，从而更有助于能力形成和掌握。

（3）顶岗实习。职业教育人才培养目标的核心是让学生具有熟练的基本职业能力，形成较强的岗位基本职业能力和一定的综合职业能力，学生毕业后能够根据需要具有转岗、转职业的能力，学校根据专业培养目标要求，有计划、有目的、有步骤地安排学生直接到企业生产、服务第一线参加实践活动，在实际岗位中身临其境地参与实际生产。目前，在很多职业学校，由于条件的局限，造成了学生职业能力培养练习阶段实训场地和设备不能满足能力训练的矛盾，影响了学生职业能力的养成。顶岗实习使学生具有在校学生和企业员工的双重身份，学习内容更具体、更准确、更具有针对性，学习环境更具有真实性，强化了职业能力训练。

3. 学生变接受学习为体验学习

学生和教师对学习行为本身的认识和理解影响学生的学习结果的获得，对职业能力的形成与积累也有一定的作用。我国职业学校很长一段时间不能摆脱"学科本位"，教学大多数强调以书本、课堂和教师为中心，"学习取决于来自课本和教师的外在刺激"，形成了教师的单向灌输、学生被动接受的单一模式，只注重现成知识的传递和接受，把陈述性知识放在优先地位，偏重理论的传授和基础内容学习。教师的工作只是关注正式教材并实施传授，学生的学习是容纳、接受、记忆和重复。但是，"教"终究是外因，"学"是内因，"教"是通过"学"而引起"学"之变化。"学"有其内在的机制，职业学校学生的学习有其特点。技术上的加工工艺、装配工艺等都有丰富的隐性知识。同样一套汽车零件，由不同的人组装起来的汽车，性能、车况有迥然的差异，往往就是因为隐性知识上的差异所致。我国有学者倾向于把隐性知识又分为基于身体的隐性知识、基于言语的隐性知识、基于认知个体元认知的隐性知识、基于社会文化的隐性知识[90]。基于身体的隐性知识和基于元认知的隐性知识对于职业能力的影响较为明显。例如，具有较强职业能力的人在问题解决的过程中擅长运用隐性知识，问题解决需要根据情况变化不断调整策略，由于现实情境的复杂性，这些策略的使用往往不是预先设定的，而是基于"经验"或者"直觉"等不可言传的信息。再者，具有较强职业能力的人擅长运用来自身体知觉的隐性知识，人类很难将自己的身体作为意识的对象，来自身体知觉的信息和对这些信息的判断是能力高低强弱间的另一个重要区别，特别体现在诸如骑车，游泳等与身体动作有关的技能中。

体验学习是人最基本的学习形式，是指人在实践活动过程中，通过反复观察、实践、练习，对情感、行为、事物的内省体察，最终认识到某些可以言说或未必能够言说的知识，掌握某些技能，养成某些行为习惯，乃至形成某些情感、态度、观念的过程。

体验学习的基础是在反复实践中的内省体察，是通过学生不自觉或自觉地内省积累而把握自己的行为情感，认识外在世界。体验式学习理论的完整提出，当数 20 世纪 80 年代美国人大卫·库伯（David Kolb），他构建了一个体验式学习模型——"体验式学习圈"，他提出有效的学习应从体验开始，进而发表看法，然后进行反思，再总结形成理论，最后将理论应用于实践当中。提出了著名的四阶段体验学习圈，在这个模型中包括具体体验（concrete experience）、反思观察（reflective observation）、抽象概括（abstract conceptualization）和行动应用（active experimentation），这四个环节是循环往复的，在现实中表现为一个螺旋式上升的过程。在库伯看来，学习首先应是一个过程，而不是一个结果。教师的主要精力应集中于让学生参与到过程之中，而不应过分强调其学习结果，这样才可以最大限度地改善学生的学习方式。在这个过程中，他强调共享与应用。[90]这个理论一经提出，给当时西方的很多企业的管理者很大的启示，他们认为这种强调"做中学"的体验式学习，能够将学生掌握的知识、潜能真正发挥出来，是提高工作效率的有效学习模式。体验式学习就是要求参加者去"做"去"感受"，它有别于传统教育学生被动地"学"，强调"主动""现实化"。

体验式学习可借鉴用于职业能力的形成与提升，职业教育中应当重视个人隐性技术知识，并注意采取各种方法研究学生获得隐性知识的路径和诀窍，从而使学生的学习能力更加完备、使学生所获得的职业能力更加完备。学生在学校里的学习可以看作是由社会知识向个人知识转化的过程。然而，仅靠简单的识记和储存是不能完成这个转化的，学生必须把此时的社会知识还原成当初的个人知识才可以理解其意义，也就是要找到社会知识当初所发生的情境或类似情境。显性知识与隐性知识的有机结合，是学生职业能力形成与提升的秘诀所在。它对于发展学生技术上的协调性和适应性，在形成技能技巧中具有独特的作用。因此不能仅仅注重显性知识的学习，仅仅依靠显性知识是很难形成真正的职业能力的。如我们从显性知识中可以获得有关游泳的各方面的知识，诸如浮力原理、游泳要领、注意事项等。但即使将这些原理、要领方面的知识背得滚瓜烂熟，理解得非常透彻，一旦下水，还有可能呛水，还有可能动作不协调。要达到熟练地游泳还要经历一个过程，要把游泳规则具体运用到"游"的过程中，把这些要领和规则变成自己的知识时，才称得上学会了游泳。这种学习是发生在真实情景的社会互动之中，学生充分了解学习的目的与应用，理解工作的相关性，并参与专家行为。在将概念与事实知识作为工具运用的过程中，构建丰富的反映概念、事实与问题情景之间的关联网络；在变化的、多样化的情境中，鼓励学生反思并清晰表达不同任务之间的共同原理，从而使学生能独立地将所学工作知识和职业技能，迁移并应用到新的职业问题情景中；允许学生在完成复杂的工作任务过程中，参与不同的认知活动，通过讨论、角色扮演、角色互换及小组问题求解等方法将复杂的认知过程外显化。学生职业能力的形成是一个从简单到复杂的发展过程，它不可能一蹴而就地形成，往往是在不断地解决职业问题的情境中，通过实践、反思、再实践的途径不断完善的。

学生在自己具有独特性的职业能力实践中，逐渐形成具有自己特色的、稳定的能力个性特征。由于不同个体在能力形成过程中所具有的经验和知识结构不同，个体的思维方式、气质类型、能力、态度、动机等个性特征方面也存在差异，使得能力的内化具有一定的个体差异性，亦即内化过程具有个性化特征。正如同样的老师采用同样的教学方法，不同的学生所获得能力知识的水平和能力掌握的程度不同一样。因而，在职业能力形成的内化阶段，应以学生已有的知识结构为基础，通过想象和实践练习，使学生已有的知识结构和当前的能力知识建立联系。同时，要充分考虑学生学习的积极性，转变学生的学习态度和认知模式。

4.3.2　在职培训与职业能力的形成与积累

职业培训是现代经济社会的产物，作为一个国家提高国民职业素质最有效的途径，在知识经济背景下的社会中显得异常重要，它的重要作用已为世界各国所公认。虽然本书以学校职业教育学生的职业能力培养研究为主，但是从人力资源职业能力建设的角度，在职培训对职业能力形成与积累的作用应纳入本书的研究内容。在西方发达国家，职业培训已经成为一种被人们普遍接受的提高自身职业素质和能力的手段，甚至在一些国家已经提升为一种文化。国外有关研究资料表明，一般劳动力职前所授的知识和技能是有限的，仅占其一生所需知识的 1/10 左右，大量知识和技能是靠走上工作岗位后的"在职培训"或"干中学"完成的。此外，随着社会经济和科学技术的飞速发展，不仅使物质资本的无形损耗加剧，而且更使原来已经受过专门教育的"合格"的人力资本加速贬值，为了克服这种知识老化造成的人力资本贬值，就必须通过各种形式的"再教育"，以不断增加和积累现有人力资本存量、更新和提高人力资本的质量水平，这种"再教育"就是在职培训。在职培训是指对已经受过一定的学校教育，并已在工作岗位上从事有酬劳动的各类人员所进行的教育培训活动。关于在职培训的类别，在时间上，既包括上岗培训也包括在岗提高培训，在具体内容上，既包括操作技能、管理能力培训，也包括企业文化、员工态度等培训，另外根据在职培训是否有证书信号，又可以将在职培训分为在职学历教育和在职非学历培训，职业资格证书培训和非职业资格证书培训。本书中在职培训主要指由员工所在企业组织的在职培训，侧重于职业能力尤其是职业技能的提高。在职培训通常具有如下特点：

第一，较强的专业性。表现在接受培训的学习者都是带着明确的目的来参加学习的，他们可以根据自己某一方面职业能力的缺陷进行有目的的学习提升，从而使得在职培训呈现出较强的针对性。

第二，鲜明的层次性。对于不同对象、不同水平和不同需要的学习者，在职培训安排教育的内容和方式也不尽相同，从而使得在职培训呈现出鲜明的层次性。

第三，显著的实践性。在职培训的对象多数是具有一定职业能力和实践经验的各类专业人员，他们通常是带着实践中的理论问题和技术问题来参加学习的，并通过培训再将所掌握的知识和技能运用到实践中去，提高自己的能力。

贝克尔（Becker）关于人力资本投资收入效应的分析成为后来众多在职培训实证研究的思想基础。他在对在职培训的分析中，区分了两种不同类型的在职培训：一种是一般（或通用）技能的在职培训，另一种是特殊技能的在职培训。所谓一般技能的在职培训是培训所获得的技能对多个雇主同样有用，如教授基本阅读技能、指导秘书如何打字及如何使用文字处理软件等。特殊培训，即培训所获得的技能只对提供培训的企业有用，或者说能使提供培训的企业的生产率比其他企业要高得多。[91] 与职业学校教育相比，在职培训更贴近现实需要，通过在职培训积累的知识、技能通常更容易转化为现实的生产力，从而可以更为迅速有效地提升个体的职业能力。

4.3.3 "工作场学习"与职业能力的形成与积累

从哲学的视角看，职业能力形成的途径可以归结为两个方面：一是间接经验的手段，即通过学习前人总结的知识和技能来提高自身的职业能力，如前文所分析的学校教育、在职培训等方式；二是直接经验的手段，即通过总结自身实践中成功经验和失败的教训来提高自己的职业能力，即下文所要分析的工作场学习途径。"工作场学习"的学习过程指的是个人在工作中需要的新问题的知识与原有的知识产生差异，而进行的自我探索，分析思考，尝试新方法，不断试错，直到最后解决问题，对已有的知识和工作经验进行反思并建构知识的过程。这类学习的特点在于显性知识内化为个人的隐性知识，是一个个人知识的建构过程。这包括两个方面：一方面是行动过程，即把显性知识运用到工作中，反复的操作，长时间的累积，获得解决问题的能力。这方面知识具有较强的任务专用性，必须经过实践才能获取，一般叫作经验知识。另一方面是认知过程，即个人通过根据自己的经历，对工作中的学习行动过程进行反思和抽象，思考实践工作中的理论问题，并将其系统化，条理化，经过长时间的联系和思考，内化为个人职业能力的一部分。

人的职业能力只能在真实的职业情境中通过实践获得。与此相关的一个教育中的基本概念"学习"凸显出来，学习不再仅凭成绩和可测量的结果来评价和理解。职业教育亟须对学习和人的行为有一个整体的令人满意的解释，职业能力的培养需要对学习有一个重新的认识和定义。学习应被看作是一个过程或是过程与结果的辨证的相互作用。"工作场的学习"或称"工作情境中的学习"（work-place learning）在过去20多年引起澳大利亚和其他西方国家职业教育研究者得关注，职业教育要取得成效，就必须在理论和实践之间建立密切联系，为学习者获取真实、有效的知识和职业能力提供机会，工作场的学习是职业教育的一条有效途径，学习不再局限于学校环境，促使学习理论的研究进一步深化和转型。研究者从不同的视角和观点，对工作场的学习进行了研究来揭示其某一方面的属性。比莱特（Billett）认为，工作场的学习是一种在参与真实任务、并获得熟练成员直接或间接知道的活动中获得知识和技能的途径。工作场的学习中，程序性知识通常是可以直接观察的，而概念性知识的内容往往比较模糊、不透明[92]。"强烈的社会影响或者最贴近的指导似乎为学习者获取和建构概念性知识提供了有益的途径。"埃文斯（Evans）提出职业能力发展的五个阶段：新手、较高级的新手、胜任阶段、精通、专家。在上述五个阶段中，学习者从新手到专家的过渡过程就是从被动接受信息到具备更多的反思和参与决策的过程。在能力发展的高级阶段，对智力因素的需要进一步增加，而对详细指导的需要急剧下降，知识变得更加内化，更接近于自我建构[93]。古宁汉姆（Gunningham）认为工作场的学习是一个人试图帮助另一个人时所发生的一系列非正式互动。从社会性互动的角度来定义工作场的学习。把工作场的学习本质看作是专家和新手之间的互动[94]。

　　总之，工作场学习是学习者在工作场地中发展职业能力的学习方式。职业能力是整体的，理解力、情感、价值观和稳定的情绪是其中的重要组成部分，不能像行为主义者那样只把技能看作是简单的身体能力。事实上，虽然行为主义的培训对于技术性能力的发展可能是有用的，但在现代社会里人们必须为不断地变化做准备，需要能够独立思考和分析，行为主义的方法对于工作场的学习是远远不够的。大量的研究表明，工作相关的学习（work-related learning），尤其是工作场学习（work-place learning）是职业能力形成的重要途径。"经验是最好的老师"，国外研究证实，工作中的能力 70%～80% 源自工作中的学习。在职业能力的形成与积累中，工作场学习占有举足轻重的地位，这种学习是指在真实工作环境中个人或小组为达到某一理想结果而获取、解释、重新组织、改变和吸收某一类相关的信息、技能、知识或感情、价值观等的过程。它包括各种正式、非正式和偶然性的学习活动。工作场学习的突出特点就在于它是内嵌于工作过程之中的，是在真实的工作环境中发生的。

人们在职业实践中，通过总结自己成功经验和失败的教训，以及直接向同行中的优秀者学习，而提高自身职业能力的过程，它是一种边工作边学习的职业能力形成和提升方式。在知识经济时代，随着知识和技能的淘汰速度的加快，在职培训或专门的职业教育可能根本无法跟上瞬息万变的新知识和新信息的节拍。可以这样说，当人们结束正规学校教育，走向社会参加工作后，"工作场学习"就成为人们职业能力提升的最为主要的手段。与在职培训相比，"工作场学习"更强调自我学习，要求劳动者具有自我学习意识，不通过专门的培训，在完成工作任务的同时自我弥补相关的知识和技能。有学者调查表明，"做中学"是技能形成的重要途径。在被调查的 210 名对象中，61.3% 的被调查对象认为自己工作能力的形成主要来源于工作中经验的积累和自我学习，17.6% 的被调查对象认为是源于工作前的职业学校教育，21.1% 的调查对象认为是源于公司各种有组织的培训[95]。美国当代管理大师彼得·圣吉（Peter Senge），在其名著《第五项修炼——学习型组织的艺术与实务》一书中所提出的一个学习型组织所需要的五项修炼，从某种意义上讲，就是对做中学的一个很好的诠释。通过"自我超越"（personal mastery）、"心智模式"（mental models）、"共同愿景"（shared vision）、"团队学习"（team learning）、"系统思考"（systems thinking）五种具体模式实现。"建立共同愿景"能培养成员组织的长期承诺；"改善心智模式"专注于以开放的方式体认我们认知方面的缺失；"团队学习"是发展团队力量，使团队力量超越个人力量总和的技术；"自我超越"则是不断反照个人对周围影响的一面镜子。系统思考则是整合其他四项修炼成一体的理论与实务。当然，在学习型组织其中重要的一方面就是发掘和共享组织中员工的隐性知识，尤其是那种难以言传和把握的感觉和经验即技术类隐性知识。

能力对职业发展有着直接作用，是完成职业活动的必要条件，能力体现在职业整个历程当中。一般说，一个人的专业知识越丰富，他相应的职业能力水平也越高，但是并不能因为能力与知识关系密切就把二者混为一谈。知识表现为静态、相对恒定的东西。能力的发展则为动态的过程，比知识的获得要慢。知识随年龄的增长而增长，而能力并不一定是，到了一定年龄，还会出现随年龄的增加而某些能力减退的现象。有的人知识掌握不太好，但思路开阔，反应敏捷，能力发展水平较高，有的人知识掌握较多，但应用能力较差，即所谓"高分低能"现象。不同个体之间能力发展与知识的掌握并不总是同步的，有的人能力的发展先于知识的掌握，有的人知识的掌握先于能力的发展。

职业能力是个体基于适合的身体能力将所学的知识、技能和态度在特定的职业活动或情境中进行类化迁移与整合所形成的能完成一定职业任务的能力。职业能力的形成和发展，必须参与特定的职业活动或模拟的职业情境，通过对所学知识、技能、态度等的类化迁移，并得到特殊的发展与整合。职业学校教育、在职培训和"工作场学习"只能作为三种比较典型的职业能力形成与积累的范式。职业能力的形成过程是一个极其复杂的过程，研究这样复杂的问题需要寻找一种整合的解释框架，将关于知识、技能、态度内化迁移的理论、职业发展过程的理论、职业能力内在要素协调匹配的理论有机地整合到一个内在有机统一的理论框架之中。

【案例 4 - 1】

深圳市宝安职业技术学校学生职业能力培养模式①

在 2004 年初，深圳市宝安职业技术学校开始探索工学交替情境下的职业教育人才培养模式，提出了塑造"身心特别健康、待人特别有礼、技能特别过硬"的高素质职业公民的人才培养目标。经过不断探索与实践，基本构建起了以校企合作为载体、以职业能力培养为目标、以"工学交替、六层推进、螺旋上升"为主要实现形式的人才培养模式。概括起来讲就是"工学交替、六层推进、螺旋上升"，即：学生在校三年间，从进校起到学业完成止，按照教学规划，在学校和企业两个学习地点依次进行为专业认知、职业体验、基础学习、生产实习、岗位学习、顶岗实习六个层次的学习，如图 4 - 3 所示。

---

① 根据教育部职业教育与成人教育司编全国职业教育与成人教育改革创新案例选编（2010. 2）整理。

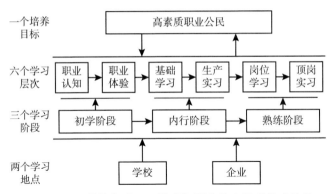

图 4-3　工学结合"六层推进"职业能力培养模式结构

"六层推进"人才培养模式的特征可用"二、三、六"进行概括：

（1）两个学习地点：整个教育教学安排被分为校内学习与校外实习这两大相互结合的组成部分，形成"学校"与"企业"两个学习地点，是学校与企业合作为基础的理论知识学习与实践工作相结合的教育形式。

（2）三个学习阶段：根据职业能力发展规律，整个教育教学过程分为从初学者到高级初学者阶段、从高级初学者到内行的职业人阶段、从内行的职业人到熟练的职业人阶段三个阶段。学生通过三个阶段的学习完成从初学者到熟练职业人的转变。

（3）六个学习层级：每个学习阶段分为校内学习和企业学习两个层级。"六层推进"流程设计依次为专业认知、职业体验、生产基础学习、生产实习、岗位学习、顶岗实习六个层次，形成一个"工"与"学"渐进式交替、螺旋式上升、"分阶段、分层次、分目标"的人才培养模型。"六层推进"人才培养模式本质是一种工作与学习相合的人才培养模式，这种模式不仅可以使学生所学的专业技能与对应岗位群高度吻合，又能使学生接触社会、认识岗位和职业，并在实习中获得一定报酬，从而使学生的职业能力得到了全面协调发展，是学校培养高素质职业公民的重要实现途径。

【案例 4 - 2】

河北工业职业技术学院将学生职业能力
培养过程置于系统的职业环境中，
拓展了"实境育人"教育内涵[*]

河北工业职业技术学院 2006 年明确了"产学互动，实境育人"的人才培养模式，通过 2008 ~ 2010 年三年示范建设，各专业创建了校内专业教室、专项实训室、虚拟工厂与校外实训基地相互衔接的、虚实互补的实境育人环境。

材料工程技术专业创新了"校企轮换，实境育人"的人才培养模式。一方面，校内建立了轧钢专项实训室和由加热炉、型钢、棒线材、中厚板、热带钢、冷带钢模拟生产系统组成的"e - 轧钢厂"，拓展了"实境育人"的途径；另一方面，将必须在生产现场完成的教学项目安排在校外实训基地现场教学。教学组织中，按照生产流程划分教学项目，首先在校内"e - 轧钢厂"熟悉轧钢工艺、掌握模拟操作过程，再到企业跟岗，提高实际生产操作技能。"校内模拟生产"和"企业现场实践"交替组织，学生在实境中学习项目，提高技能，校企共同管理与评价，学生在实境中学习项目，提高技能，得到企业广泛认可。

冶金技术专业创新了"电子冶炼，跟岗实训，顶岗实习"人才培养模式。学生学习了必备的专业理论知识和掌握了冶金生产

---

[*] 根据河北工业职业技术学院 2011 年国家示范性高职院校验收报告整理。

专项技能的基础上，将整合成"冶炼生产任务"的教学内容，在校内"e－工厂"完成烧结生产与操作、球团生产与操作、转炉炼钢生产等课程的虚拟仿真实训。在掌握了电子冶炼的基础上，到钢铁冶金企业的烧结厂、炼铁厂、转炉厂、电炉厂，开展原料的准备、配料、电弧炉冶炼、精炼、连铸等工作跟岗实训，使学生更直观地了解专业知识与操作工作过程。最后半年学生以"准职工"的身份到企业顶岗实习，边学边做，取得职业资格证书，最终实现定岗就业。

环境监测与治理技术专业创新了"校企融通，监治并重，学做结合，能力递进"人才培养模式。建立了校企合作交流平台，扩展了合作途径，达到了专业与行业企业的深度融合。适应职业岗位工作需要，构建了"环境监测与三废治理"两项专业核心技能并重的专业课程体系。在教学组织安排上充分体现"学做结合"，把知识学习与技能培养结合起来，把教与学、学与做结合起来，把理论学习与实际操作结合起来。按照学生的认知规律和成长规律，满足"能力递进"要求，制定专业人才培养方案。

应用化工技术专业形成了"虚实互补、工学交替、实境育人"人才培养模式。充分利用自主开发的覆盖备煤车间、炼焦车间、煤气净化车间、甲醇生产车间等完整的焦化生产工序的仿真系统，在校内"e－工厂"开展仿真训练。每门专业核心课程的教学项目、教学组织都采用"理论→仿真→实训"工学交替的教学组织模式。虚拟生产项目与实际生产项目相互补充，虚拟生产实训与现场生产实践相互补充，丰富了实境育人的内涵。应用化工技术专业"虚实互补、工学交替、实境育人"人才培养模式示意图见图 4－4。

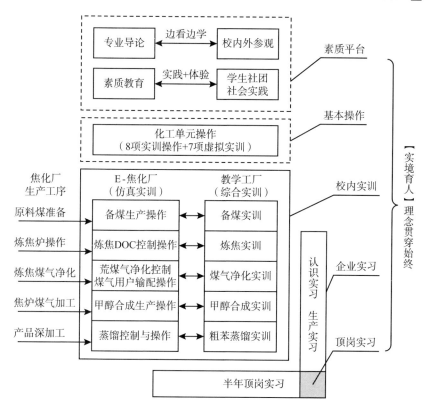

图 4-4 应用化工技术专业"虚实互补、工学交替、实境育人"人才培养模式

电气自动化技术专业创新了"校企互动，学做结合，实境育人"人才培养模式。专业建设与社会需求多维度全过程融合。通过校企互动，定位专业培养方向，学做结合，改革课程体系和教学组织模式，积极营造企业生产和文化环境，实境育人，培养了具备双证书要求的企业急需人才。

围绕多样化人才培养模式改革开展的教改研究项目"高等职业教育人才培养模式多样化的探索与实践"获河北省第四届教学成果一等奖、第六届高等教育国家级教学成果二等奖。

学院通过制定知识、技能、职业素养三年不断线的人才培养方案，促进了学生职业能力发展。

学院明确了制定专业人才培养方案的思路、内容、方法和步骤，确定三年不断线的人才培养方案的结构框架体系。各专业通过开展深入的行业调研、企业调研和毕业生跟踪调研，形成了内容丰富、数据准确、数据分析到位的专业调研报告。各专业依据行业人才需求预期、企业人才培养规格要求，学生应具备的初岗适应、多岗迁移的可持续发展能力培养的要求，召开实践专家访谈会以及专业建设指导委员会会议，进行研讨与论证，校企共同制定了知识、技能和职业素养三年不断线的人才培养方案。

理论知识学习三年不断线——改变基础性课程只安排在第一学年的传统做法，各专业根据对应的职业特点和岗位需求，将基础理论课程系统地安排在三年中。

实践技能训练三年不断线——按照基本技能、专项技能和综合技能三级能力递进模式系统设计实践教学。一年级：安排"识岗＋专业导论及金工实习"等实践教学；二年级：安排"跟岗＋校内专项实训"；三年级：安排"顶岗实习＋综合实训"。学生实践技能在各类实习和课程实践中，通过不间断的系统训练得到提高，职业能力实现三层递进，逐级提升。

职业素养培育三年不断线——将职业素养培育嵌入人才培养全过程。职业素养培育三年不断线由两部分组成，一部分是系统、独立的三年不断线职业素养课程，另一部分是贯穿始终的渗透性素质教育。职业素养课程主要由人文与社会类、科学与技术类、经济与管理类等课程组成；渗透性素质教育主要由"课前5分钟素质工程"、第二课堂和企业实习经历组成（见图4－5）。

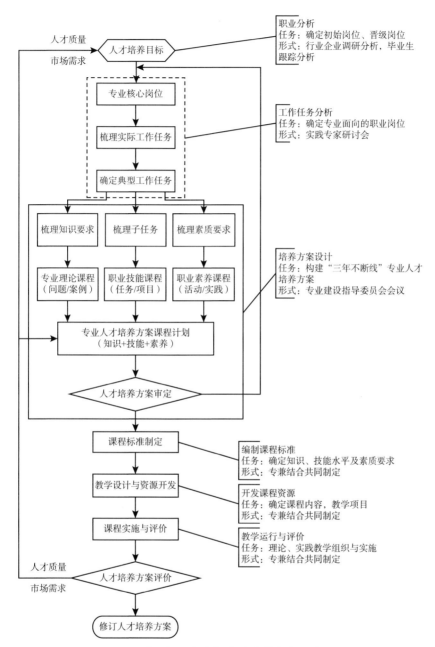

图 4 – 5　"三年不断线"人才培养方案设计流程

| 第 5 章 |

职业能力的评价

　　教育的目的在于引发学生行为的改变，评价教育的学习结果，需要通过"考试"来予以检验。普通教育的考试系统，主要目的是检查学习结果、巩固学习结果和评价学习结果。职业教育的考试同样是检验职业教育质量的手段。但是，作为职业教育的学习成果——职业能力，在其形成与提升过程中不能通过单纯的考试来检验，那么，如何评价，不仅是职业能力培养过程的延续，同时也是成果的检验。评价内容及形式既要满足就业的功利性要求，又要实现教育的人本性目标。本章主要讨论的是职业能力的评价问题，即职业教育内部的职业能力测评与外部的职业能力认证。为达到这一目标，首先，简要回顾我国职业能力评价的发展过程，并在概念上厘清"考试""测评""认证"的含义，然后提出在职业教育中对职业能力测评的原则、标准和方法，进而在比较不同国家职业能力认证的现实状况的基础上，从制度层面上提出职业能力认证的设计构想。

5.1 职业能力评价在我国的发展

在我国近代社会的一个很长的历史阶段，由于各种历史和社会的原因，职业分类发展缓慢没有形成一个比较完备的职业分类理论和工作体系。虽然历史上对职业能力内涵的理解与现在不同，但是可以说，与经济社会发展相联系，我国职业能力评价的工作体系大体经过了工人考核、职业技能鉴定、技能人才评价三个重要的发展阶段。

5.1.1 工人考核阶段 (1949 ~ 1992 年)

1949 年中华人民共和国成立以后，党和政府为了发展经济，非常重视技术工人队伍的建设。刚刚组建的劳动部及其各级政府劳动行政部门，在解决这些问题的同时，大力开展了就业转业培训和职业教育。但受经济条件限制，为生产一线培养技能劳动者的主要渠道仍然是传统的学徒培训。学徒制度在这一时期得到了很大发展，学徒工的转正定级考核工作逐步得到完善。学徒工转正定级考核的基本做法在之后形成的工人技术等级考核中得到广泛应用，可以说，这是我国工人考核制度的雏形。1956 年随着《国务院关于工资改革的决定》颁布，工人技术等级考核制度也开始在企业建立起来。我国对劳动者培训和鉴定考核的基本依据是工人技术等级标准。在制定之初采用八级制为主的等级结构，技术等级标准是分产业、分工种制定的，根据工作的复杂性、难易程度和责任大小最多分为八级。1963 年和 70 年代末曾对标准体系做过两次修订，1989 年第三次修订将 9000 多个工种合并归纳为 4700 多个工种，首次形成了我国工人技术等级标准的独立体系，并打破了行业和部门的界限，强化了标准的社会化和国家统一管理的功能。将八级标准简化为三级制的等级结构标准体系，此一较长阶段的职业标准是计划经济体制的产物，主要针对企业生产实际需要和用人管理的需要，强调具体岗位的技术等级考核和业绩考评，着眼于劳动者的职业能力。1990 年 6 月颁布《工人考核条例》，1992 年颁布了我国第一部《中华人民共和国工种分类目录》。

5.1.2　职业技能鉴定阶段（1993～2003 年）

20 世纪 90 年代是我国改革开放深入发展的时期。劳动力市场开始活跃，工人考核开始由企业内部向社会化考核过渡，从 1993 年 7 月劳动部颁布《职业技能鉴定规定》等一系列政策和法规至 1999 年 5 月《中华人民共和国职业分类大典》出版，基本建立了国家技能鉴定的法规、组织、技术支持体系，国家职业资格证书制度初步确立。

1994 年，《中华人民共和国劳动法》确立了我国职业资格制度的法律地位，在第八章第 60 条规定：国家确定职业分类，对规定的职业制定职业技能标准，实行职业资格制度。我国技能型人才的国家职业资格证书制度的等级设置为五个级别，即国家职业资格五级、四级、三级、二级和一级。根据原劳动和社会保障部制定的《国家职业标准制定技术规程》的规定，各等级的具体标准为：

国家职业资格五级（初级技工）：能够运用基本技能独立完成本职业的常规工作。

国家职业资格四级（中级技工）：能够熟练运用基本技能独立完成本职业的常规工作；并在特定情况下，能够运用专门技能完成较为复杂的工作；能够与他人进行合作。

国家职业资格三级（高级技工）：能够熟练运用基本技能和专门技能完成较为复杂的工作；包括完成部分非常规性工作；能够独立处理工作中出现的问题；能指导他人进行工作或协助培训一般操作人员。

国家职业资格二级（技师）：能够熟练运用基本技能和专门技能完成较为复杂的、非常规性的工作；掌握本职业的关键操作技能技术；能够独立处理和解决技术或工艺问题；在操作技能技术方面有创新；能组织指导他人进行工作；能培训一般操作人员；具有一定的管理能力。

国家职业资格一级（高级技师）：能够熟练运用基本技能和特殊技能在本职业的各个领域完成复杂的、非常规性的工作；熟练掌握本职业的关键操作技能技术；能够独立处理和解决高难度的技术或工艺问题；在技术攻关、工艺革新和技术改革方面有创新；能组织开展技术改造、技术革新和进行专业技术培训；具有管理能力。

国家职业资格证书以职业活动为导向，以职业技能为核心，作为衡量劳动者职业能力水平的尺度之一，在职业教育与培训中发挥着重要作用。

5.1.3　技能人才评价阶段（2004 年以来）

21 世纪初，随着我国经济社会的不断发展和科技进步的不断加快，在发展模式的选择上，开始强调以人为本、可持续发展和社会和谐，发展战略和社会政策开始得到调整。职业技能鉴定从单纯强调劳动力市场中能力评价的尺度，转向针对劳动者职业生涯发展阶段的需要以及企业自主创新发展的需要，提供能力评价。强调以职业能力为导向、以工作业绩为重点、注重职业知识和职业道德水平，试图构建社会职业技能鉴定、企业技能人才评价、院校职业资格认定、专项职业能力考核、职业技能竞赛选拔等途径的多元化技能人才评价体系（见表 5 - 1）。

表 5 - 1 职业能力评价模式

模式	社会评价	企业评价	院校评价	竞赛表彰	专项评价
对象	社会人员	企业在职职工转岗人员	职业院校学生	在职职工院校学生	农民工
依据	国家职业标准	职业标准＋岗位规范	职业标准＋教学标准	工作业绩职业标准	专项能力标准
要求	标准化	具体岗位精细要求	职业岗位群系统要求	工作要求	单一技能应知应会要求
技术	标准参照	真实性评价	形成性评价	业绩评价	终结性评价

资料来源：根据国家职业资格工作网（http：//www. osta. org. cn/）有关资料整理。

2004 年教育部、劳动和社会保障部、人事部、国家发改委等七部委召开全国职业教育工作会议，会议形成了《教育部等七部委关于进一步加强职业教育工作的若干意见》。文件明确提到："完善就业制度和职业资格证书制度，积极推进职业院校学生职业资格认证工作。"特别强调了"要做好职业资格认证与职业院校专业设置的对接服务，加强专业教育相关课程内容与职业标准的相互沟通与衔接。"为此，职业教育部门大力加强课程改革、改进教学方式、推进学分制，建立职业教育学历与职业资格之间完善的对应转换体系，提高职业院校学生的职业能力水平[96]。

在国家职业能力评价体系不断演进的进程中，比较注重基于企业具体岗位的实际需要来区分劳动者不同职业、不同等级的技能水平，比较强调职业技能的鉴定，过度强化了受试者不同职业、不同等级的技能区分度，而在某种程度上忽视了职业能力的社会性，特别是技术进步中越来越明显的职业能力可迁徙性，忽视了受试者应对技术进步和职业转换的综合职业能力。

5.2 职业能力的测评

对能力评价最早起源于智力测度，是心理学中的一个重要研究领域。早在 1905 年，阿尔弗莱德·比纳与西蒙·亨利就提出了相对较为严格的智力测验量表①，后被许多国家广泛地采用。他们认为智力测验最主要的价值在于，能够作为确定儿童中谁能够从不同的教育模式中获益最多的有效而可靠的工具。前文也提到，在 1927 年，英国著名心理学家斯皮尔曼（Spearman）出版的《人的能力》一书，提出能力的双因素理论，标志着人类在认识自身能力上有了更深入和科学的进展，对随后心理学的发展产生了深远影响。随着心理测量技术的不断发展和成熟，心理测量技术在人事测评中的应用日趋广泛，各种类型的对某一方面能力测评的工具不断出现。另外，在管理领域，在心理测量技术的启示下，逐步衍生出了一些能力评价技术。评价目的的不同，能力评价方法的选择和应用也应该不同，如何在评价中反映能力的有机性和能力元素的协同性，是当前理论未解决的重要课题。西方工业发达国家十分重视职业能力测评，美国劳工局人力资源部

---

① 宋剑祥．职业性向测验与职业选择［M］．重庆：重庆大学出版社，2015.

1947 年正式采用一般能力倾向成套测验。在此期间，大部分西方国家对职业能力的测评都在美国测验标准的基础上略做修改后颁布实施。2002 年 6 月，德国发布了《职业能力测评方法及其应用要求》（以下简称"DIN 33430"）标准。该标准发布实施后，在德国相关领域受到了重视，大部分评论认为，该标准无论是对被测人员还是参评人员都很重要：职业能力测评终于有了标准依据，它不仅有助于提高测评质量，而且还可以最大限度地保证委托人和被测人的权益。DIN 33430 包括：（1）适用范围；（2）规范性说明；（3）概念；（4）职业能力测评方法的质量准则和标准；（5）责任；（6）对承办人及其合作者的质量要求；（7）职业能力测评方式的指导原则以及对操作方法说明的要求和词汇解释[97]。

我国现阶段对职业能力的测评起步较晚，自 20 世纪 80 年代以来对教育的测量与评价的研究逐步深入，而且开始了测量与评价的实践工作。目前对从业人员职业能力的测评在我国已经越来越受到重视，现有的职业能力测评主要是针对企业员工的，对职业教育中的学生的职业能力测评处于起步阶段，尚需在理论上澄清一些概念、原则、模式，总结提炼实践方面的成果。

5.2.1 "考试"与"测评"的差异

测验、测量、评价常因意义相近而被混用。我们在现实的教学工作中常用的评价方式是考试，考试即测验（testing）指使用测验卷或量表以观察受试者的学习表现。测量（measurement）则泛指依特定规定，将所观察之事，予以量化并加以评定，以显示出其属性（如技能、知识、情意等）。评价（evaluation or assessment）则指依据测验会评量所得，或依据观察者对事物的直觉经验，因而对事物的属性赋予意义会给予价值判断。"评价"是 19 世纪末随着价值论的诞生而确立起来的。"评价"同时也是一个认识论问题，作为对价值的认识与判断，评价本身揭示了认识与价值、认识论与价值论的统一性、一致性和不可分割性。因此，评价是人类的一种特殊认识活动，即揭示世界（个人、社会、自然）的价值，建构价值世界的认识活动。评价即评定价值，其本质是把握价值的判断活动。评价是人对评价对象能否满足自己需要的一种主观判断。第一，评价的过程是一个对评价对象的判断过程；第二，评价的过程是一个综合计算、观察和咨询等方法的一个复合分析过程。由此可见，评价是一个非常复杂的过程。它本质上是一个判断的处理过程。布卢姆（Bloom）将评价作为人类思考和认知过程的等级结构模型中最基本的因素。根据他的模型，在人类认知处理过程的模型中，评价和思考是最为复杂的两项认知活动。他认为，评价就是对一定的想法（ideas）、方法（methods）和材料（material）等做出的价值判断的过程。它是一个运用标准（criteria）对事物的准确性、实效性、经济性以及满意度等方面进行评估的过程。[①] 科学评价包括"质"的评价、"量"的评价两个方面，在我国涉及能力方面的评价，为了体现其量化的特征一般称"测评"。

我国是考试的发源地，是世界上最早采用考试的方法来甄别选拔人才的国家，也是最早采用考试对学校教育进行评价的国家。考试作为一项长期的人类社会活动，始终事关个人成长、家庭兴衰、社会发展等各个方面，并成为起决定性影响的社会文化因素。从我国隋唐时期的科举制到现代的高考，再到教育部门、

---

① B. S. 布鲁姆. 教育目标分类学——第一分册：认知领域［M］. 上海：华东师范大学出版社，1986.

学校，以及课堂上的各种正式、非正式的测验，考试早已作为一种文化，根植于大众内心，成为评价教育教学质量、教师水平以及学生学业的主要方式。这里所说的考试是指标准化考试，考试有两个最基本的特点：（1）考试主要是测查被测者的知识、技能等，极少包括对心理品质、实际工作绩效的考察；（2）考试基于"刺激—反应"模式，即实施考试必须有事先设计好的试题为考生提供"刺激"，并通过考生的答题"反应"的量化分析来确定考生的水平。在学生评价方面，对标准化考试的批判主要集中于两点：（1）标准化考试的内容过于偏重知识，导致了考生的死记硬背；（2）标准化考试的形式无法满足对能力测试的要求，使考生穷于应付考试技巧，发展出了考试能力，却丢掉了生活能力和学习、工作的能力。测评不拘于"刺激—反应"模式，它可以采用考察、调查等方法，测评与考试是种属关系，即测评包含考试。测评包括测量和判断两方面的含义，是由测量和判断组成的有机统一体。

我国职业教育中的考试主要有：笔试、口试、技能测试。虽然职业学校理论与实践教学比例基本达到1：1。但职业能力的比重仅占考试内容的一小部分，考试多以理论考试为主，侧重考核学生对所传授知识的掌握理解程度，主要以记忆为主的静态考核，缺少对职业技能与能力考核的系统研究。由此，学生可以通过较短时间的突击来提高对知识的片面掌握，以应付学校的考试，考完也就忘完。这无形中使一些平时不用功而善于记忆的学生可以获得好成绩，大大鼓励了死记硬背，而忽视了学生职业能力的全面考核。每门课程的授课老师在课程结束时都安排一次关于本课程在本学期所学内容的考试，考试以教学大纲作为命题依据。这种方法注重学生的单个学科的基础理论，但考试内容与职业实践联系很不紧密，忽略了各个学科之间的联系。即使设有实践技能考试，也仅仅是涉及或重视某项技能。职业能力的测评应成为职业教育学业评价的主要方式和手段，考试只是其中的一部分。

目前对职业学校学生现有的职业能力测评还处于起步阶段，即便有少量针对学生的测评项目，其测评手段也存在着以下的问题[98]：

（1）测评内容不合理。现有相关的测评手段都重知识、忽视能力。对职业教育学生职业能力的测评仅仅是知识测评，通过试卷考试，高分者定为素质高，而低分者则划分为素质低。这种测评缺乏对素质内涵的清楚了解。还有的测评看重学历资历，学历高的就确定为素质高，学历低定为素质低，这对职业教育学生来说极为不利。其实，能力比知识更重要，在测评中要加大能力要素的权重，以更好地预测将来的绩效。

（2）测评指标和权重确定随意。测评指标是所要达到的目标。测评指标要根据测评对象、测评目的和要求进行选择，指标的权重更要使用科学的方法确定。现有各种测评手段在选择测评指标的时候随意性大。

（3）测评标准模糊化。目前多数测评标准过于模糊，表现为标准欠缺、标准走样、难以准确量化等问题。以欠缺的标准或不相关的标准来对人员职业能力进行考评，极易导致不全面、不客观公正的判断，模糊的测评标准很难使被测评者对测评结果感到信服。

5.2.2 职业能力测评的意义与要点

在职业教育过程中，职业能力的测评的意义可以从学生、企业或用人单位、教育机构三个方面阐述：从学生来讲，可以获得正式的检测机会以认识自己学习的进展情况和当前具有的能力水平，进而改进和提高个人的学习成效，有助于学生根据不同等级能力标准确定自己努力的方向并做出进一步的生涯规划，选择符合个人需要的培训，从而获得更多的能力和更高级的资格；从企业或用人单位来讲，可以以职业资格证书为岗位能力基准作为考核员工的依据，从而提高效率和产量，有利于企业对员工工作中习得的知识和技能做出判断，可以以此维持职业能力标准，实施职业准入制度；从学校或培训机构来讲，可以通过实施能力本位的评价体系对自身培训是否达到培训目的做出准确的判断，有助于确定培训需求；有助于提高学校和机构的声誉赢得更多的学生。

然而，对职业能力进行准确的测评是十分困难的。因为如本书第 3 章所述职业能力的构成要素比较多，相互之间以及与外界环境之间的关系又很复杂，因此，对职业能力进行的测评需要遵循严格的、结构化的方法，具体来说，包括以下几个方面：

（1）测评方法应具有综合性，能够将需要考察的因素尽可能地包括进去。

（2）测评过程要尽量做到客观。这里的客观性意味着建立一个数量化等级去评价带主观性的指标类型，并且在使用衡量等级的评分体系时，每一数值的含义都应该明确无误。

（3）指标衡量的范围应该是可靠的。可靠性是指不同的个人评价同一评分标准下的同一指标时得到同一结论的程度。换言之，如果两个人在同一条件下评价某一项能力时，可靠的指标就是指两个人测评的结果是一致的。可靠的职业能力测评需要精确地制定、衡量和彻底了解指标。因此，指标和评分标准必须清楚明确写明，以便受测者能够精确地了解每一项含义。

（4）测评的指标体系应该具有足够的弹性。在测评过程中包含弹性的最容易方法是调整指标体系和相关指标的权重，最重要的指标应该在整个评价分数中赋予较高的权重；

（5）测评的过程与方法应该是精确易懂的。权重和分值的使用应该是足够简单，以便涉及测评的每一个人都能了解评分的方法和选择过程。

教学评价的方式有多种，本书把职业能力的测评看作是职业教育过程中教学评价，这种评价被认为是一种形成性评价。形成性评价（formative assessment）是相对于终结性评价而言的，强调对学习活动的指导和引导，常常被称为"为了学习而进行的评价"。1989 年英国教育研究会成立了"评价改革小组"，2002 年 3 月发布"为学习而进行的评价之十原则"[99]。即：

（1）应该是高效教学规划的组成部分；

（2）应该以学生如何学习为焦点；

（3）应该以课堂活动为中心；

（4）应该被认为是教师的重要专业技能；

（5）应该是灵敏的且富有建设性的，因为任何评价都会对被评价者产生情感影响；

（6）应该考虑学习动机的重要性；

（7）应该促进学生实现学习目标，促进教师和学生对评价标准达成共识；

（8）应该得到教师关于如何改进方面的建设性指导；

（9）应该开发学生的自我评价能力，以利他们具备反思和自我管理能力；

（10）应该认可所有学生的全部成就。

这十项原则虽然不是单纯针对职业能力的培养而言的，但是非常适用于职业能力的培养和评价，不仅说明了测评的意义所在，而且对测评过程中的学生和教师提出了具体的要求。

与终结性评价相对应的形成性评价具有以下特点：

（1）形成性评价是过程性评价。形成性评价是对学生能力的形成过程和状态的评价。它重视对学生学习过程的评估和判断，强调学生的自我评价和相互评价，让学生在自我评价中不断反思，分析自己的成绩和不足，明确努力的方向和目标。

（2）形成性评价是综合性评价。形成性评价的内容是学生在学习过程中所表现出来的情感、态度、能力和学习策略，掌握知识的水平及表现出来的发展潜能等。

（3）形成性评价是发展性评价。形成性评价可以调节教育培训活动行为，使教育培训目标得以顺利实现。它能及时获取反馈信息，适时调节控制，缩小工作过程与学习目标之间的差距，针对工作场所的实际需要，及时改进教学工作。

作为形成性评价，职业能力测评是对学习过程和能力形成的测评。其主要作用在于：一是加强对学习过程的控制，督促学生主动学习，提高学习效率；二是及时反馈教学信息，有利于教师及时调整教学节奏、进度和方法，提高教学质量；三是重视技能形成过程考核，促进职业能力的提高。学习的过程是教师和学生相互作用的过程，是学生主动建构知识、形成技能、调整态度的过程。尤其是在技能养成培训过程中，实施形成性评价，对帮助学生有效提高职业技能和行动能力的效果很明显。

5.2.3　职业能力测评的内容

基于本书对职业能力内涵的界定，职业能力测评的内容主要应包含：基本职业能力和综合职业能力。澳大利亚职业能力标准是对学生进行质量评价的尺度，它规定了本行业不同岗位中的从业人员所应具备的文化知识、实践技能和思想素质的标准。它在培训包中至关重要，对于劳资双方都有好处，国家对要求合格者颁发国际资格证书，职业能力标准力图提高当前和将来的工作时间的质量和一致性，是进行全面、一致和有效的能力评估的基础，评估指南指明能力标准和评估条件的关系。能力标准的内容描述了应该会做哪些工作，会到什么程度，以什么样的质量完成工作才算合格等这样的问题。能力标准解决了该领域的各个岗位的人员应会哪些工作，每项工作什么叫会的问题。

　　澳大利亚职业能力测评的内容从国家能力标准的角度看主要由两大部分组成：公共单元能力和专业单元能力。一是公共单元能力，主要是综合职业能力的评价，如商务服务专业培训包的公共能力单元共有 50 个，包括：准备工作、应用基本的交往技能、使用商业设备、遵循工作场所安全规则、操作个人电脑、在工作场所中交流、有效地与他人工作、使用商业技术、准备并处理财务/商务文件、向顾客提供信息、处理邮件等内容。二是专业能力评价。即某个专业岗位中必要的实际操作知识和技能[100]。例如，表 5 - 2 为旅游（自然文化遗产方向）四级证书能力标准的构成，表 5 - 3 则为其中第二条"在不同社会环境中工作"能力标准的具体要求。

表 5 - 2　　　旅游（自然文化遗产方向）四级证书能力标准的构成

	分类	要求
核心能力单元	THHCOR01B	与同事和顾客相处
	THHCOR02B	在不同的社会环境中工作
	THHCOR03B	遵循健康、人身安全和工作场所安全的工作程序
	THTTCO01B	更新旅游行业知识
	THTFTG01B	开展导游工作

分类		要求
核心能力单元	THTFTG06B	提供旅游路线咨询服务
	THTFTG07B	掌握澳大利亚土著文化知识并向游客做相关介绍
	THTFTG03B	扩展导游必备知识
	THTPPD04B	制定并实施保护旅游点自然和生活环境的方案
	THHPPD05B	提高沟通能力
	THTFTG05B	带领旅游团体
	THHGHS03B	提供急救
	THHGLE22A	管理风险
	外加下列能力单元中的任何一个：	
	THTFTG12A	准备专用的解说内容（植物类、动物类、景点）
	THTFTG13A	准备专用的解说内容（海洋环境）
	THTFTG14A	准备专用的解说内容（文化与遗产）
选修能力单元	选修能力单元共4个，分别从旅游专业培训包或其他相关专业培训包中选取。在任何情况下选择的选修能力单元必须遵循工作结果要求，当地行业要求和相应资格证书等级要求	

表 5 - 3　　　　　　　　　　在不同社会环境中工作能力标准

能力要素	能力表现水平
与不同背景的顾客和同事的交流	尊重来自不同文化群体的顾客和同事
	认识到在进行语言和非语言的交流时的文化差异
	存在语言障碍时，用手势或对方语言中的简单词汇进行交流
	必要时，求助同事或查阅参考书获取帮助
处理跨文化交际中的误解	确认工作场所中会引起冲突或误解的问题
	向适当的人讲明困难，必要时寻求他们的帮助
	当出现困难或误解时，应考虑到可能存在的文化差异
	努力消除误解并考虑文化因素
	必要时，将困难和问题报送领导以期解决

资料来源：吕红. 澳大利亚职业教育质量保障的研究 [D]. 重庆：西南大学，2009：117.

5.2.4　职业能力测评工具的设计和开发

在职业能力评价方法上，采取标准参照而不是常模参照（两者的区别见表 5 - 4），常模参照即根据每次测试的结果总和来划定，是事后协商的标准，被测事先并不知道测试的内容和方式。常模测试的目的是花中选花，即不管被测多么优秀，但只能根据一定的百分比来决定是否通过。标准测试是用一套固定的标准来比较被测的成绩，是将被测的能力展示的结果与能力标准进行比较的鉴定，即被测的学习成果并不是与他人做比较而是与能力标准做比较。其目的是：对照非协商标准来测试学生的能力。例如：驾驶技术的测试、打字技术和文字处理速度测试等。只证明其及时技术是否达标，而不是规定这次测试只能几个人过关或必须有几个人过关。能力标准是事前经行业认可的标准，被测在刚参加学习时就已经知道学习完成后将要测试哪些内容，以什么方式测试。它常在不需要竞争的场合使用。例如：考试驾驶执照、社会大量缺乏用工人员的岗位等。两种测试模式在对测试标准、测试结果、用途和适用环境上具有以下不同：

表 5 - 4　　　　　　　　　　　两种测试模式比较

比较项目	常模测试	标准测试
测试标准	测试标准事后确定	测试标准事先确定
测试结果	取决于成绩排列所处的位置，与其他被测者无关	取决于被测者自己的能力水平
用途	选出能力最优秀者	选出能力合格者
适用环境	竞选人数供大于求时	竞选人数供不应求时

评价工具是用来证明通过不同评价方法收集起来的证据是否满足具体的职业能力标准要求的，应包括所有的实施标准细则，同时给所有评价提供一致的评价方法。具体来说包括：教师和学生使用说明、收集和记录证据的评价清单、被评价者能力表现的描述。例如，练习和观察清单，口头或书面问题清单，文档证据材料收集清单。考核结果要求必须符合"五性"：有效性、权威性、充分性、一致性、领先性。这些方法的综合运用，比之单用试卷的考核方法，更能反映出学生的实际能力。

在职业能力评价中具体使用的方法有：观察、口试、现场操作、第三者评价、证明书、面谈、自评、提交案例分析报告、工件制作、书面答卷、录像、其他等。一般建议教师或评价者采用12种标准测试方法中的某几种作为对学生职业能力的考核手段。通常是利用收集到的被评价者的直接证据、间接证据和辅助补充证据作为评价其是否合格的依据。只要被评价者能够提供这些证据即可通过考核拿到专业资格证书。直接证据是在规定情境中的职场表现。即对其是否准确无误地完成一项工作任务进行评价。可以是在酒店、餐饮店、餐饮实习操作室等地制作的食品；在计算机上写出的一篇短文；建造好的房子；修理好的发动机；组装好的计算机等。间接证据是当无法对被评价者完成的实际任务加以观察时所用到的由被评价者提供的"证据"。例如：参与项目工作或评价者委派的任务后完成的工作报告调查报告等；或对工作场所中可能出现的紧急情况及事件的模拟情况的处理；或角色扮演情况记录；或被评价者对书面或口头提问做出的回答记录。辅助补充证据就是评价者查阅第三方证据以了解其职业能力。如由行业考核评价的职业表现报告、过去学习时获得的证书或所留下的证据等。

在澳大利亚对于综合职业能力评价的现有的被认可的评价途

径有四种：一是由教师做出的综合判断；二是学生建立的档案袋；三是基于工作经验的评价；四是使用发展目的工具评价。它们不是互相影响的，它们通过不同的方式相互补充，以实现同样的记录和证明学生成绩的目的。

问题解决评价是一个比较新的评价工具，主要包括以下五个步骤：（1）理解、识别、定义需要解决的问题；（2）做出一个包括选择策略的解决问题的计划；（3）实施已有计划；（4）监督指向目标的解决过程；（5）反映解决办法的有效性[101]。为使评价工具应用有效，项目限制范围 15～25 个，每一部分被限制在 3～6 个指标。指标成绩水平的建立基于可观察学习成果分类，这种分类是根据个人在学习过程和问题情境中对知识应用的认知复杂性。从知识的非有效运用到非常复杂的抽象的应用，共分为五种水平。在相关的任务情境中支持有经验教师的判断，为学生获得解决问题的能力提供反馈以提出改进的策略建议。为了促进问题解决学习，自我评价是一个关键环节。当完成一个技术任务，学生被要求用这个工具评价自己的表现，给教师提供已完成的问题解决评价的证据，教师的任务是对提供的证据的不足作出判断。

5.2.5　职业能力测评的困难

职业能力测评虽然在理论上有一套完整的设计，但我们不可能在真空中应用它，在实际应用过程中，必然受到环境、社会动机、工作组织、经费、评价者先前的经验与理念的影响，从而使评价偏离技术要求。如职业能力标准的设定。现实中使用的标准往往是理论上的最低标准与实际上可接受的淘汰比例之间的一个折中。再比如，由于职业院校的组织结构、技术水平、教学环境、师资水平等差别很大，因此同一种类的岗位在不同院校之间可能差别也很大，这种差别不仅是量上的，更重要的是质上的。要充分考虑它应用的环境，并尽量预测、克服可能存在的问题。

需要澄清职业能力测评的几个基础问题：

1. 测评的信度和效度

所谓的信度（reliability）是指可靠性或一致性。具体到职业能力评价领域，一个信度高的评价方法应该是这样的，即一个拥有某种既得职业能力的人，无论何时何地或由谁对其进行评价，该评价方法都能拥有一个稳定连贯的结果。增进信度有一些固定的方法。首先是明确的概念化。当我们只测量单一结构并有清楚的理论定义时，信度就会增加。其次是提升测量尺度的精确性。最后是使用多重指标。另外还有一些方法如使用预试、前导研究及重复测试也都是不错的增进信度的手段。

所谓效度（validity）即有效性，它是指测量工具或手段能够准确测出所需测量的事物的程度。在职业能力的测评中它与评价的目标密切相关，一项评价所得结果必须符合其目标才是有效的，因而效度也就是达到评价目标的程度。效度是相对的，仅针对特定目标而言，因此只有程度上的差别。

效度与信度的关系为：信度是效度的必要条件，但不是充分条件。一个测量的效度要高，其信度必须高，而一个测量的信度高时，效度并不一定高。

2. 测评的真实性

对职业能力进行评价是一项困难的工作，因为要考虑的因素较多，有些因素可以定量化后进行评价，而有的则难以定量化，给评价带来困难。

许多学校的评价是采用基于纸笔记录的方法，这种方法被指缺乏真实性，因为它是去情境化的，相比目标能力的评价，口头能力占了更重要的地位。为此，人们尝试了许多其他的方法来替代之。许多此类的评价都是通过结合真实工作任务来给出结论的。然而，即使这些任务可能是完全真实的，但评价结果仍会受到任务特性以及学生和任务间互动情况的影响。因此，虽然运用真实任务评价与其他方法相比为学生提供了更大的机会来展示能力，但任务间的不同会导致学生以不同的自信度来面对任务，而这会直接反映到他们的表现中，从而影响评价结果。同样地，在那些需要一些鉴定员的测试中，有的学生可能会碰到较严厉的鉴定员，而另一些学生的运气则完全不同，这也会大大影响测试结果，使得在同一个任务中，拥有同样能力水平的学生得到完全相异的评价结果。总之，一些额外的因素，诸如任务的难度、评价者的严苛度、学生、评价者以及任务之间的互动等，都会成为最终评价结果中的变数，降低评价的精确性。

3. 测评的分级

这也是评价方面的一个重要问题，到底该使用单一的还是多样的评价标准。单纯的技能培训由于其目的的明确和单一性，使得单个的评价标准即可胜任评价任务。然而职业能力的评价则具有综合性，由于这些能力目标的适用广度和构成的复杂性大大增加，单一评价标准就显得不够充分了。因此，结合了基本职业能力和综合职业能力的职业能力测评应该具有多样的评价标准。

4. 对迁移性的评价

有一个围绕综合职业能力的持久话题是历来对于它的可迁移性的要求。可迁移性之所以被认为是综合职业能力的很重要的特性，就是因为为了应付不断变化的技术水平和竞争压力，工作和工作单位被迫不停地做出改变。因此，个人在自己的工作生涯中，往往会被期望能够轻松转换自己的工作角色并在各个不同的角色中很有弹性地运用自己的能力。然而，令人遗憾的是，绝大多数对于迁移的研究文献都让人感觉不乐观。人们常常是无法将自己在某个工作领域发展出的能力自然迁移至相关领域中。这样一来就产生了一个是否要对综合职业能力的迁移性进行评价的问题。其实，将注意力集中于可迁移性上是不可取的，与其这样，不如关注"适应性"更有建设意义，即研究工作者是否具有这样一种观察能力，能够发现一项能力是广泛适用的并试图将其运用于各个不同的工作场合。

总之，目前职业学校学生学业成绩的评价内容过于侧重课堂教学内容的测试，忽视职业能力这一培养目标的评价。评价指标单一，过于关注学业成绩、结果，忽视对学生学习过程的评价，忽视学生的进步状况和努力程度。以就业为导向的职业教育既要使人具备生存能力，又要培养其发展能力。

首先，职业能力评价所强调的能力，是个体所具有的一种状态，一种能够在动态的社会情境、职业情境和生活情境中采取专业化的、勇于承担个人责任的行动。能力本位强调学生通过行动实现能力的内化与运用，所承认的是学生所具有的能力而不是他们所学习过的课程。

其次，评价的内容是学生的职业能力，以检验教学目标是否实现，而这个职业能力不单纯是职业技能，而是知识、技能和态度的综合整体。评价的主体是多元化的，教师不再是评价的唯一主体，社会企业及学生本人都应成为评价主体。不再以一张试卷评定学生课程成绩的优劣，考核评价方式改变为开卷或闭卷笔试、口试、设计制作、技能操作、用人单位鉴定等多种，评价方面涵盖出勤、纪律、学习态度、回答问题、作业、章节小测、实际操作、技能比赛成绩、课程设计制作成果等多种方式。

最后，评价过程强化"以学生为中心"。我国对于学生的评价似乎是一种教师的权利，学生只有被动接受的资格。澳大利亚职业教育与培训过程中学生能够参与对自己职业能力的认定或评估过程。应借鉴这种自我评价的思想与做法，将"以学生为中心"思想贯穿至每一教学过程和评价过程之中。通过给予每个学生多次评价机会，使每一个学生都能在评价中得到肯定与激励，并且教师应用日常评价的多次结果，以保证对学生评价的真实、准确和全面性。因此，在职业能力的评价过程中，不仅关注评价的结果，更注重学生成长发展的过程，要将终结性评价与形成性评价有机地结合起来，通过评价过程去实现评价的导向、诊断、调节、激励等综合功能，使评价本身成为促进学生发展的过程。

【案例 5 –1】

南澳大利亚托伦斯溪谷职业学院
(Torrens Valley TAFE in South Australia)
综合职业能力测评的实施[①]

南澳大利亚托伦斯溪谷职业学院从事综合职业能力培养与测评的历史较长，早在 1989 年就开始关注"企业技能"，学院鼓励

---

① 根据 Rob Denton. Assessment of key competencies The Torrens Valley TAFE approach. Edited by Jennifer Gibb. Australian National Training Authority，2004. P173 ［EB/OL］. http：//www. ncver. edu. au/research/proj/nr2200. pdf 和 http：//www. tvtafe. com. au/electronics 资料整理。

学生通过创新学习技术来更强地控制自己的学习、培养"企业技能"，直到 2000 年开始实施"电子与信息技术能力评价策略"。具体实施情况如下：

1. 制定职业能力测评的原则

（1）"证明和改进"原则。

"证明和改进"过去常常用在促进学生电子和信息技术基本职业能力和综合职业能力形成和提高过程中，被选择用来强调双重点这一评价策略。向学生提供机会来证明（通过正式评价和证书）和改进（通过"作为学习的评价"实践）他们的职业能力。

学习者致力于"证明"综合职业能力的努力和才能也被用来驾驭评价过程的设计，目标是培养进一步学习和"改进"这些重要的终身能力。以学习者为中心的方法通过提供绩效证明专门针对赋权并使每一个学习者直接受益以取得正式证书，更为重要的是形成改进的框架，以便使学习者受益终身。

（2）综合职业能力和基本职业能力整合作为关注点。

2003 年 6 月，综合职业能力详细评价被授权作为电工培训包实施和评价策略的一部分。每一证书需要在规定的能达到绩效层面上细分综合职业能力。更重要的是，在详细的规定中，学生何时及如何展示他们的规定绩效层面上的能力时仍留调控和弹性空间，可以选择展示额外的综合职业能力。

电子与信息技术模块采用了相对独立的方法，之前很少被考虑，这种方法使用综合职业能力各个部分的具体标准详细评价，即把有效的综合职业能力作为职业能力一部分的最好方法。在工作场所的整体绩效使学习环境真实，当详细评价可以通过采用一系列的活动和情境评估职业能力的详细内容时，可以帮助学生喜欢通用的、可以转移的特质且能够评价这些技能。基本职业能力与综合职业能力两者都有独立的详细标准。

托伦斯溪谷职业学院一般相信综合职业能力不是教出来的，而是"学习和开发"出来，这种测评是最有效的获取策略。测评常常用来作为提高综合职业能力的过程和实践清楚性使用，以便于学习者可以教和训练。

（3）学生自我评价。

①学生自己选出他们的综合职业能力目标进行自我评价，使用恰当的评价纸和身份证明支持他们评价，并提交（任何适宜的表格）管理人员认定。

②认定需看两方面：

——学生把评价纸上清晰说明规定绩效层面标准的综合职业能力目标做完；

——学生十分清楚这些综合职业能力和他们自己所处的能力水平。

③资格证书采取由机构颁发"结业陈述"表格，陈列了所有综合职业能力和相应达到的绩效水平。

④所有学分连同每个学生的一份综合证明档案袋，由当地计算机管理学生学分系统（SMART）维护。

⑤要得到关键能力绩效水平正式认定，必须在不同的情境中成功展示和评价两次（根据梅耶委员会指导方针）。

⑥每位学生有责任提供清晰的证明样本，标明所选综合职业能力绩效水平每一项评价标准。

⑦更高水平绩效展示不需要标示较低水平绩效才能。因为所有水平的绩效都是有效的。

2. 综合职业能力测评的实际执行情况

此评价是澳大利亚过去十年里综合实施的一系列全国性培训大纲优先选择必不可少的组成部分。实际实施情况概括如下：

（1）广泛研究与发展；

（2）紧密联系和垂询企业、学生、教职员；

（3）与大学，教育机构建立伙伴关系；

（4）提高认识和信息传播；

（5）促销和营销；

（6）促进和指导；

（7）学生自我评价和促进验证；

（8）开发专门资源比如评价工具和编写记录系统；

（9）应用新学习技术；

（10）切实可行的应用实施步骤；

（11）评价和完善；

（12）全面的学生导向和支撑；

（13）承诺不断改进。

3. 学生参加能力测评的流程

（1）一般从引言中找综合职业能力的具体要求，信息资源，管理者；

（2）选择一项适当的综合职业能力作为一个评价模块的一部分进行测评，如果愿意，可以和模块管理者讨论一下可能性；

（3）领取一张评价纸，选择绩效层次，仔细阅读相关标准。然后，使用评价纸作为清单，做完测评；

（4）提供清晰证明展示在模块评价中每一标准是如何被论证的，使管理者能验证标准有效。

4. 职业能力评价实施的保障

以下的措施可使测评对学生、电子与信息技术项目成员及雇主切实可行：

（1）构建一份综合指导和辅助说明；

（2）清晰全面的评价内容体现在文本中（文件、演示文稿软件（PPT）、视频、手册、画报、软件等）；

（3）从管理者中容易得到帮助；

（4）从学习指导者和管理者得到具体指导方针；

（5）综合职业能力测评过程与现存课程评价相结合，不涉及额外的评价；

（6）证明以任何方便的方式呈现给学生（书面的习题；口头示范；图片等）；

（7）测评标准清楚地标明在评价纸上；

（8）管理者不评价，但是可以根据所标注的标准认定证明（他们不需要去找证明，学生需要提供）；

（9）学分记录在基于电脑的学分系统（SMART）（教职工及学生已经熟悉）；

（10）电子与信息技术学生代表委员会积极支持；

（11）毕业陈述罗列获取的每项综合职业能力，以便有意向的雇主雇佣；

（12）评价程序可以使学生清楚明了自己的综合职业能力，以便与雇主面试时自信；

（13）评价程序设计咨询了企业代表，并根据他们的需求进行更改。

此案例反映了南澳大利亚托伦斯溪谷职业学院"电子与信息技术能力评价策略"实施的情况和特点，首先和最重要的是，评价的界定和实施不是简单作为一种能力测评方式，而是更多倾向于作为一种培养开发和学习的策略。一个更宽的目标是要在托伦斯溪谷职业学院促进综合职业能力评价实际执行情况，在其他的培训提供者之间乃至澳大利亚全国范围内都在广泛推广。

5.3 职业能力的认证

在完成我国由人力资源大国到人力资源强国这一转变过程中，职业能力认证制度将在对人力资源职业教育、就业促进、市场管理、自我能力评价等方面，发挥更大、更积极的作用，为我国劳动力资源走向一体化，参与国际经济市场，做出巨大贡献。

5.3.1 认证与第三方认证

对于英文"certification""accreditation"，我国学者有着不同的翻译，如"认可""鉴定""评估""鉴认""认证"。但是，20 篇文章中有 15 篇会用"认证"一词。2003 年中国政府颁布的《中华人民共和国认证认可条例》，明确指出对产品、服务、管理体系进行的合格评定活动称为"认证"，而根据服务贸易总协定（GATS）服务部门分类目录，教育被列为第 5 大类服务。因此，本书认为"accreditation"译为"认证"为宜。在教育系统之外，一般意义下的认证是指："证明产品、技术成果等达到某种质量标准的合格评定，通常由国家质量监督机构或其授权的质量评定机构进行验证的一种行为。""鉴定"则有三层含义："鉴别和评定（人的优缺点）""评定人的优缺点的文字""辨别并确定事务的真伪、优劣"等[102]。国家法律框架下所称认证，是指由认证机构证明产品、服务、管理体系符合相关技术规范、相关技术规范的强制要求或者标准的合格评定活动[103]。从认证方式看，有强制性认证制度和自愿性认证制度之分；从认证的适用范围来看，又有地方性认证、国家认证、国际性认证之分。职业能力认证是指一个由合法负责的机构或者协会就受试者是否达到既定职业标准和教育标准进行公共认定的过程。认证过程包括初始性评定和阶段性评定。认证的目的在于：为受试者的职业能力提供一个公认的专业评定；鼓励受试者不断提高自身职业能力。

根据我国《现代汉语词典》修订本中的有关释义，"认证"是"公证机关对当事人提出的文件审查属实后给予证明"；也有研究者先后采用了诸如"认可"等比较通俗的术语，而在最近几年的相关文献中，越来越多的学者和文献开始倾向于采用"认证"这一原来极少采用的词汇。对于"competence accreditation"和"professional competence certification"各种不同的中文术语主要是英汉翻译中的习惯用语的差异，应该不会对职业能力认证问题的研究构成实质性的影响。

作为一种降低交易费用的制度安排，第三方认证制度在现代经济活动中发挥了越来越重要的作用。第三方认证（third part certification）是指由可以充分信任的第三方证实某一经鉴定的产品或服务符合特定标准或规范性文件的活动。一般地，人们把交易的双方分别称为第一方和第二方，第一方是指供方或卖方，第二方指需方或买方，而第三方则是指独立于交易双方之外的机构，其作用在于承担对交易物某一特性（如质量特性、安全特性等）的认证工作。

第三方认证制度是对传统认证方式的超越。以产品质量认证为例，早期大多数采用第一方认证制度，即卖方或供方提供"产品合格声明"，以获取第二方的信任。这种方式在产品相对简单，不需要专门的检测手段就可以直观判别优劣的情况下当然是可行的。但是，随着产品的品种日益增多，产品的结构和性能日趋复杂，凭经验很难判断产品是否符合要求。另外，卖方提供的"产品合格声明"往往鱼龙混杂，并不完全可信。在这种情况下，就出现了第二方认证制度。最早的第二方认证起源于美国。1959年，美国国防部向国防部供应局下属的军工企业提出了产品质量保证要求，这实际上就是现代的第二方质量体系审核的雏形。这种办法促使企业进行全面的产品质量管理，取得了极大的成功。到了20世纪70年代后期，英国认证机构英国标准学会（BSI）首先开展了生产商质量保证体系的认证业务，于是质量保证体系的第二方审核开始发展到第三方认证，有效地推动了产品质量保证活动的发展。此后，国际标准组织ISO在此基础上制定了ISO9000标准系列，导致了一大批认证机构的诞生，第三方认证制度开始趋于成熟[104]。

在职业能力认证中，第三方即为不是人才培养机构也不是人才使用机构的社会组织。第三方认证是指社会机构颁发证书，而官方认证是指中华人民共和国人力资源和社会保障部、卫生部等部门颁发证书，中国加入世贸组织以后，按照国际惯例，我国职业/执业资格的认证机构也要逐步由官方认证向行业协会认证，即第三方认证过渡。政府部门的职能是出台标准，而认证的具体事情交给社会机构、行业协会去办。第三方认证原则应用于职业能力的认证中包括建立认证的组织或机构，这个认证机构是代表政府行使职能对职业教育以及各类教育培养职业能力等方面的认证。认证机构既不从属于某个社会团体或个人，也不隶属于某个政府部门。它们只是作为一种社会中介机构，为职业能力评价提供认证服务。认证机构与申请认证的个人或机构是一种服务与被服务的相对独立关系，是一种民主平等的关系。换句话说，认证机构只有认真地全心全意地为申请认证的个人和学校提供相关的认证服务，帮助它们切实地提高自身的职业能力以及教学质量和管理水平，认证机构才能被社会（学校）和个人所认可，才能保障自己的生存和发展的可能。

5.3.2　职业能力认证的国际比较

职业能力认证的主要形式之一是职业资格认证制度。职业资格制度起源于手工业革命以后，是各个行会推行的行业技术资格证书和技术职称制度。资格（qualification）主要指从事某种职业活动的能力和身份。其中的能力主要指知识技能水平和解决实际问题的能力，身份是指在社会上或法律上的地位。职业资格对于个人来说是一张就业、以自己的职业特长服务于社会并取得报酬的入场券或准入证；对于社会来说，职业资格是允许个体在社会大舞台活动的一种法律许可或社会承诺，"自然人"通过获取职业资格成为"社会人"，社会通过职业资格管理使个人在职业活动中奉公守法遵循职业规范。对职业资格的确认或证明要通过颁授或持有资格证书来实现。通过某一行业或领域的专业机构所制定的基本要求时，由该专业机构发的证明是一种非法律的文件，不具备强制性。

1. 英国和澳大利亚两国职业资格证书制度的特点和认证流程

根据职业资格证书等级划分所依据标准的不同，国际上的职业资格证书可划分为三种基本模式，即基于职业的职业资格证书模式、基于能力的职业资格证书模式和基于教育的职业资格证书模式[105]。其中应用基于能力的模式的国家主要是以能力本位教育得到普遍运用的国家为代表，英国和澳大利亚都是这一模式的典型代表，具有以下特点：

一是以职业能力为基点。1986 年英国开始推行新的国家职业资格证书（National Vocational Qualifications，NVQ）和基础职业资格证书（General National Vocational Qualifications，GNVQ），英国的职业证书教育提供了 17000 个职业资格，涵盖了广泛的商业和工业组织的工作内容。围绕"任务"和"工作角色"开发职业能力，由"职业能力"开发"职业标准"再由"职业标准"开发"评定方法"与"培训方案"或"学习计划"。英国国家职业资格证书制度的职业资格标准体系以职业岗位需要的能力为基础，它测量的是一个人能做什么，而不仅仅是他知道什么，这是国家职业资格证书制度的核心。

澳大利亚资格证书被界定为：由认证实体所颁发的正规证书，是对个人已经达成一定的学习目标，或已具备相关行业、专业和社会所需要的能力的一种认定。资格证书的授予表明学生已达到一定的职业能力要求。认证以能力为导向，每一层次的资格认证都以知识的掌握和技能的操作运用为最终目的。国家资格证书以学生所应取得的最终能力形式来进行描述，并且要求其与工作现场的实际需求以及其他相关职业的需求保持一致。

二是与各类教育衔接。1995 年，英国国家职业资格委员会（NCVQ）与学校课程评估局（SCA）合并，成立了国家资格与课程局，该局统一管理教育证书和职业资格证书的鉴定工作。各种类型的资格进行了整合，将职业资格与教育资格纳入了同一资格框架体系，建立了国家资格框架体系（NQF）。并且在其间建立了对应关系。例如：在修改后的国家资格框架体系内，专家证书相当于博士学位，翻译文凭相当于高等教育资格框架中的硕士文凭，三维（3D）设计、英国商业与技术教育委员会（BTEC）高等国家文凭相当于高等教育和继续教育文凭，等等。旨在引发人们接受教育与培训的动机，以加强英国的国际竞争力。通过比较不同资格层级之间的水平，使人们明确职业生涯发展的道路，从而帮助学生作出有关资格的选择，促进终身学习。通过各种资格的整合而避免资格内容的重复，从而提高接受资格学生的效率。通过一体化、高效的国家资格证书框架（NQF），提高公众对国家所颁发证书的信任度。

澳大利亚国家资格体系包含了义务教育后的所有教育及培训资格认证，在横向上囊括所有教育部门，使资格证书可以在中等教育、职业教育与培训和高等教育的各个层次中广泛流动。学校、职业与培训机构以及高等教育三大教育及培训领域各自与不同的行业及机构有着密切的联系，而国家资格体系将这些部分都有机地整合成进了一个清晰而连贯的框架体系中，设有 12 个资格层次。值得引起注意的是，不同部门所颁发的各类资格证书不存在孰优孰劣的差别，都具有同等的效力，这些资格认证只是反映了不同的学习类型，并直接体现了不同部门的各自教育特点。如表 5 - 5 所示：

表 5 - 5　　　　　　　　　澳大利亚国家资格框架

初高中	职业教育与培训	高等教育	职业要求
		博士学位	高级专业人员/高级经理
		硕士学位	
		研究生文凭	
		研究生证书	
		学士学位	专业人员/经理
	高级文凭	高级文凭	专业辅助人员/管理人员
	文凭	文凭	专业辅助人员
	证书Ⅳ		高级熟练工人/监工
	证书Ⅲ		熟练工人
高中毕业证书	证书Ⅱ ［中学 VET 二级水平］		高级操作员
	证书Ⅰ ［中学 VET 一级水平］		半熟练工人

注："职业要求"并非国家职业资格框架中的内容，是根据资格层次与行业中各岗位的实际需求相对应所得出的一个大致对照图。

资料来源：匡瑛. 学生职业能力发展的国际比较研究结题报告［R］. 2009, 9.

三是真实性评价。英国、澳大利亚各类职业资格证书实施第三方认证规则，实行教考分离。对职业资格鉴定的各个环节，进行规范管理，完善监管制约机制，建立严格的质量保证体系，以确保证书的含金量。从表5-6和表5-7两国职业能力认证的步骤过程和采用的方法即可看出，结合实际工作的现场考核方式是对传统考核方式的重大改革。英国国家职业资格证书制度用工作现场考核代替传统的考场考试；用受试者的实际工作成果代替传统的试卷试题；用对受试者的全面评估代替抽样检测；用对受试者的持续培训和考查代替突击式的、限定时间和范围的培训和考试，以职业要求的标准为尺度，真实有效地考核受试者的实际职业能力。

表5-6　　　　　　英国、澳大利亚职业能力认证流程比较

国家	英国	澳大利亚
认证流程	（1）提交申请。 （2）协商考评计划。考评者与受评者根据受评者现有水平和报考等级的能力标准，拟定考评计划。考评计划要确定证据材料的形式和数量。 （3）确定考评方法。考评方法要求有效、可靠和可操作，最主要的方式在受评者工作或项目参与中安排考评流程。 （4）判断证据。评价者按照岗位类型和等级对照每一项能力要素的操作标准，判断证据材料是否符合考评能力要素和考评标准，决定是否授予相应证书。 （5）记录考评结果。对每一个能力单元，都要保证有说服力的考评记录，包括采用的方法、日期、涉及的人员、对考评者能力的判断、证据的出处等。 （6）反馈结果。使受评者了解考评结果以及做出考评判断的原因解释	（1）设计考评计划。确保所有参与方都明确各自在考评实施和证据收集中的责任，明确考评标准、环境、方法和工具；指导证据收集计划；设计真实工作项目。 （2）签订考评协议。由考评者和受评者共同完成，它强调对证据的要求、如何收集证据、受评者要做哪些工作，为考评程序提供一个书面的确认。 （3）收集考评证据。 （4）证据的分析与评价。考评者对照相关能力单元，进行客观、真实地评价分析，做出公平、可靠的考评判断

表 5-7　　　　　　英国、澳大利亚职业能力认证方法比较

国家	英国 NVQ 最常见的考评方法	澳大利亚 AQF 最常见的考评方法
方法	（1）观察法。这是最普遍、最常用的一种方法。在受评者身边进行持续观察，或者当特殊行为发生时安排定期拜访等。观察法被认为是最有效、最可靠的考评方法。 （2）作品评价法。这种方法主要对受评者在工作过程中做出的产品进行评价。一般用于技能性较强的考评，如以技术成果作品作为考评的职业资格，包括信函、备忘录、报告等。 （3）提问法。提问是检验受评者隐藏在行为背后的知识和理解能力。是探究受评者实施	（1）观察法。同英国。 （2）第三方报告。由于客观原因，考评者不能在受评者工作时直接观察，或者很多能力难以直接进行观察。证据需要第三方来提供，第三方报告常作为辅助性能力证明方式使用。 （3）项目示范。要求受评者围绕某一主题完成一系列任务或活动，如书写工作现场文件、解决某一个实际工作问题的书写报告等。适用于特殊或潜在职业技能，在日常工作中很难出现或不许出现，如警察职业中擒拿杀人犯的技能等。 （4）模拟。通过复制工作现场场景来收集受评者完成某一任务、解决某一问题证据的考评方法。它的重点是创造受评者能够进行实际操作的环境

资料来源：根据侯自芳. 我国职业资格制度人才评价体系研究［D］. 国防科技大学，2006 和 http：//www. ncver. edu. au 有关资料整理。

　　四是第三方认证原则。国际上通行的第三方认证是由独立于供给方和需求方、与上述两者都没有行政隶属关系和经济利益关系的第三方来进行认证。英国普通国家职业资格证书的监督和管理机构是职业资格国家委员会，证书授予机构是英国三大资深的职业资格授予委员会：伦敦城市和行业机构、商业和技术教育委员会、皇家艺术学会。非常强调社会专业团体、行业协会组织在职业能力评价认证中扮演主角，发挥行业协会在实施职业资格证书中的作用。

　　英国和澳大利亚两国的职业资格证书认证体系都是以国家职业能力标准为导向，以实际工作表现为考评依据，以证书质量管理为生命，沟通教育与职业、学历与职业资格的统一的开放的职业资格证书制度，是职业能力认证的主要方式。

2. 欧洲资格框架的特点

欧洲资格框架是欧盟职业教育与培训一体化政策合作的成果之一，其以职业能力为基准，以终身学习为目标，且承认多种认证方式，对于建立全国统一的职业能力认证管理体制及协调机制，推动职业教育终身化的发展有一定启示。

欧盟将资格的透明度定义为教育及职业资格的被认可程度，以及它在劳动力市场、教育培训领域和广阔的社会背景中可被比较的程度。2005 年 7 月，欧洲议会通过了欧洲委员会关于为终身学习而建立欧洲认证框架的提议（European Qualifications Framework for lifelong learning，EQF），该框架作为欧盟各成员国间的资格转换装置，简化了欧洲国家认证资格的差异，试图消除人们在不同国家或地区间学习或工作、不同教育体系中学习时的障碍，促进流动性和终身学习，使公民获得更多更好的就业机会，实现就业增长。

（1）框架以职业能力为基准。资格框架等级分为八级，从最低第一级资格到最高第八级，以满足不同层次、不同水平人员对资格认证的需求。每一级资格水平从知识、技能和能力三个维度界定了与该级资格水平相对应的学习结果（见表5－8）。

表5－8　　　　　　　　　欧盟共同职业资格参照等级

等级	知识	技能	能力
1 级	基本的、一般性知识	执行简单任务所需的基本技能	在直接监督下进行工作或学习
2 级	某一工作或学习领域的基本事实性知识	运用相关信息所需的基本技能，并运用简单的规则和工具执行任务和解决日常问题	在监督下工作或学习，且具有一定的独立工作能力

续表

等级	知识	技能	能力
3 级	某一工作或学习领域的事实性知识，能了解原理、过程和一般概念	完成任务所需的各种认知和实用技能，能选择和运用基本方法、工具、材料和信息来解决问题	对完成工作或学习任务有责任感，能使自己的行为适应解决问题的环境
4 级	广阔背景中的某个工作或学习领域的事实性和理论知识	具有在某个工作或学习领域提出具体问题解决方案所需的系列认知和实用技能	在通常可预知、且有变化的工作或学习环境里进行自我管理、监督他人的日常工作，对工作或学习活动的评价和提高部分负责
5 级	某一工作或学习领域全面的、专业的、事实性的和理论性的知识，对于这些知识的边界的认知	针对抽象问题的创造性解决方案所需的全面认知和实用技能	在不可预测的工作或学习活动环境中进行管理、监督和检查，提高自己管理技术性和专业性活动，对个人和团体的专业发展管理决策负责
6 级	某一工作或学习领域的高级知识，包括能深度知晓有关理论和原理	某一工作或学习专业领域内解决复杂和不可预测问题的高级技能，能展现创新意识	管理复杂的技术或专业项目，在不可预测的工作或学习环境中作出决策的责任，对个人和团体专业发展管理决策负责
7 级	高度专业化的特定工作或学习领域内的知识，其中部分为前沿知识以作为创新思维的基石，并清楚地知道某一领域内的知识问题和交叉领域的知识问题	在研究和创新中，为了发展新知识、工作方法和整合不同领域的知识所需的专业化问题解决技能	应对和改变复杂的、不可预测的和需要新战略的工作或学习环境，能负起为专业知识和实践作出贡献以及评价战略执行情况的责任
8 级	某一工作或学习领域最前沿的知识和各领域边缘区域的知识	在研究和创新中，解决关键问题所需拓展和重新定义现有知识或专业实践的最先进的、最专业的技能、技术和方法包括综合和评价	学术权威性、创新能力、决策能力和专业品质，对于包括研究在内的工作或学习环境的前沿新思维或新工作开发的持久责任

资料来源：European Qualifications Framework for lifelong learning，http：//www.ond. vlaanderen. be/hogeronderwijs/bologna/news/EQF_EN. pdf.

欧洲委员会工作文件（2005）中对于职业能力的解释："本文件对美、英、法、德等国相关文献中对职业能力一词的界定进行了梳理并归纳如下：职业能力的定义不仅仅局限于对知识和技能的掌握与应用。它应该涵盖更为宽泛的含义。具体而言，这包括以下几个方面：其一是认知能力，它包括对于既有理论与概念的运用以及通过实践经验获取技巧的过程；其二是行动能力，也就是在某一领域的工作中完成相应目标需具备的技能；其三是个人素质，主要指在特定环境中的自我实现能力；其四是习得（自我约束）能力，指在工作过程中逐渐适应社会以及工作规则的过程。"

文件运用对"competence"概念内涵的理解完成了"欧洲资格认证体系构建"中的认证等级划分。"本文件还对知识、技能，以及含义更为宽泛的'competence'进行了划分：知识的范畴主要对应上述第一部分；技能的范畴对应第二部分；而'competence'一词则包含上述所有内容。"

在欧洲委员会（2006）向欧洲议会以及欧盟理事会提交的议案中，"competence"一词被定义为个人在不同的场景下（学习或工作）以及各种发展历程中所表现出的综合素质。这里的综合素质包括对知识、技能的掌握以及社会交际、分析推理等各种能力的综合运用。在欧洲资格认证框架中，"competence"一词还包括责任感、自我管理能力等方面的内容[106]。

欧盟各国正对工作场所所需的技能进行设计和定位，注重培养灵活和宽泛的职业能力，如问题解决能力、有效应对变化的能力、与同事和客户交流的能力等，这些能力的要求都反映在职业教育和培训教学目标和内容里。欧盟委员会发表的《马斯特里赫研究报告》就指出，通过工作场所学习培养灵活和宽泛的职业能力是职业教育和培训创新的一个关键方面。欧盟为此实施了创新课程开发项目，开发了包含某些工业或行业部门所需的能力的

职业教育视域中的职业能力研究

课程。

（2）框架以终身学习为目标。2005 年 7 月欧盟委员会起草的适应终身学习要求的欧洲资格框架，目的以增加职业资格透明度，支持成员国间互信，使资格框架和制度在国家和行业一级相互联系，促进个体公民资格的迁移和承认，通过认证正规、非正规和非正式教育背景获得的学习结果，适应建立终身学习体系的要求。

作为促进终身学习的一种手段，EQF 包括了普通教育、成人教育、职业教育、培训和高等教育，其核心涵盖了从基本到高级认证的八个层次，覆盖了从完成义务教育到被授予最高学术和专业学位等整个跨度的资格。

（3）框架承认多种认证方式。目前 EQF 已影响着许多成员国发展国家资格框架，欧洲委员会将通过基金项目在多个国家或部门测试 EQF 以支持其发展。已有 39 个欧洲国家基于国家法律和相关实践，建立起了各具特色的国家资格框架[①]。

框架承认多种学习成果认证方式，非正规和非正式学习认定的内容包括学习者通过非正规和非正式学习途径获得的知识、技能、能力鉴定及资格鉴定。评价和认证的方式包括形成性评价、终结性评价及形成性和终结性评价二者结合。认证方法包括传统的测验和考试、履历分析法、个人陈述法、观察法、模拟法、工作实践证据等。借此，共同职业资格参照等级可以形成平台，进行资格证书的比较、认可、和学分转换。

5.3.3 职业能力认证制度设计

职业能力认证是一个复杂的系统工程。认证能否有效实施，

---

① 过筱，石伟平. 基于 EQF 层级描述的欧洲国家资格框架新进展 [J]. 职业技术教育，2019，40（25）：67 – 73.

取决于是否建立了一个科学的职业能力认证体系。基于对职业能力内涵的分析，借鉴国外推行多年职业能力评价制度取得的实践经验，本着学历证书与职业资格证书沟通转换的目标，本章试图构建适合我国人力资源发展的职业能力认证体系。作为一个完整的体系，职业能力认证制度是由一系列子系统组成的完整的大系统，从评价体系构建要素来分析，职业能力评价体系可分为三大层次，分别是制度环境保障层、执行层、能力标准核心层。

当前国际上对资格证书的含义主要有两种解释：一是"执照"（licensure），二是"证书"（certification）。"执照"是一种法律文件，属于职业资格的范畴，具有强制性，主要是政府根据相应的法律、法规，针对某些职业而建立的准入资格认证制度，当某人具备某一行业或领域所要求的最低知识、技能和能力时，经过认证或考试，合格后由政府权责部门颁授证明方可执行服务。而"证书"则是表明持有者具有从事专业活动的能力，是同行间进行的一种专业评价。在一般的专业资格审查中，执照由政府颁发，证书由专业团体颁发。两者在标准层次、颁发程序和颁发机构上都是不同的。

我国的国家职业资格证书制度是反映劳动者专业知识和职业技能水平的证明，是劳动者就业的重要凭证。职业资格在工作岗位上还可以按照实际要求来区分职业资格等级，即根据其职业活动范围，工作内容、技术含量、工作责任及数量和质量要求等要素，将职业资格划分为不同的等级。1998 年我国正式确定了国家职业资格证书制度的等级设置为五个级别，即国家职业资格五级、四级、三级、二级和一级。目前我国职业资格证书制度正经历着群雄竞起的历史时期（见图 5 - 1），在利益的驱动下，各路"诸侯"纷纷抢夺自己的领地。由于职业资格证书认证领域缺乏科学性、严肃性和权威性，政府、准政府、社团机构等一起上，

　职业教育视域中的职业能力研究

造成各种资格证书满天飞。由于新职业、新工种不断涌现，为职业资格证书制度的发展带来了生机和活力。但新证书增加过多过快，甚至过滥问题产生，如新出现重名或近似的证书令劳动者难以取舍，还有如乱培训乱发证等问题。更为深层次的问题是证书颁发部门和组织内部管理的原因和利益的驱使，使得职业资格证书的质量受到极大威胁，很多花钱买证书已成为不争的事实。有识之士甚至提出"证书能证明什么"的问题。职业资格证书似乎又有重蹈"学历不等于能力，文凭不等于水平"的覆辙。由于健全的市场机制和国内的信用体系尚未建立，国内证书在很大程度上缺少走出国门的能力和可信度。

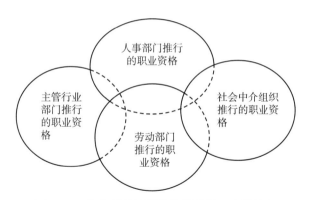

图 5－1　各部门推行职业资格重叠、交叉情况

国务院办公厅 2007 年 12 月 31 日《关于清理规范各类职业资格相关活动的通知》指出，为有效遏制职业资格设置、考试、发证等活动中的混乱现象，切实维护公共利益和社会秩序，维护专业技术人员和技能人员的合法权益，加强人才队伍建设，确保职业资格证书制度顺利实施，更好地为发展社会主义市场经济和构建社会主义和谐社会服务，对各类职业资格有关活动进行集中清理规范。要求职业资格必须在职业分类的基础上统一规划、规范设置。对涉及公共安全、人身健康、人民生命财产安全等特定职业（工种），国家依据有关法律、行政法规或国务院决定设置行政许可类职业资格；对社会通用性强、专业性强、技能要求高的职业（工种），根据经济社会发展需要，由国务院人事、劳动保障部门会同国务院有关主管部门制定职业标准，建立能力水平评价制度（非行政许可类职业资格）；对重复交叉设置的职业资格，逐步进行归并。改革完善职业资格证书制度。要在清理规范的基础上，根据社会主义市场经济要求，按照各类人才成长与职业发展的规律，改革完善职业资格证书制度，健全相关法律法规。要根据职称制度改革的总体要求，将专业技术人员职业资格纳入职称制度框架，构建面向全社会、符合各类专业技术人员特点的人才评价体系。要做好技能人员职业资格制度与工人技术等级考核制度的衔接，建立健全面向全体技能劳动者的多元评价机制。国务院人事、劳动保障部门要会同行业和社会组织管理部门，共同研究完善职业资格证书制度，充分发挥行业管理部门和社会组织在组织实施工作中的作用，逐步形成统一规划、规范设置、分类管理、有序实施、严格监管的职业资格管理机制，促进职业资格证书制度健康发展。

职业资格证书的社会认知度仍然不高。学历证书仍是人们追求的首选目标，相对于传统教育制度而言，职业资格证书制度的出现是对传统理念和传统制度的一次挑战。在人们的头脑中，对生产活动、经济活动与教育培训直接挂钩的形式还缺乏必要的认知，一些用人单位为了使用廉价劳动力，根本不使用持有资格证书并掌握专业技能的劳动力。而另一些用人单位则由于对资格证书是否能真实反映劳动者的技能水平表示怀疑，因此也不看重资格证书。即使在一些政府规定必须持证上岗的企业岗位也存在这种问题。

　　首先，完善法律法规保障层。加强职业能力认证法律法规体系建设，做到有法可依。完善的法律法规使人力资源职业能力建设服务平台在法治化的轨道上健康发展，面向全体劳动者，面向全体学生，实现人力资源职业能力由弱势向强势战略转变。我们往往以政府文件代替法律法规，缺乏法律的严肃性和规范性，不利于职业能力评价制度的建立与完善。例如，现有的职业资格评价认证就存在这种多元管理主体的矛盾。在全国范围内梳理现有的所有职业资格认证，保留社会认可程度高的资格认证，清理重复认证，规范认证行为，最终建立以职业能力为基础、以实际工作表现为考评依据、以证书质量管理为生命的一种由技能型、技术型和管理型共同构成的、一个职业对应一个资格认证的、新型的国家职业能力认证制度。

　　其次，构建运转执行层。建立国家职业能力认证管理委员会。从整体上负责职业能力认证制度的规划、协调、组织、仲裁和调解任务，但不参与具体的行业职业资格管理和调控，并应充分考虑吸收行业主管部门、中介组织和社会团体等，共同构成全国职业能力认证的综合协调机构。按照职能分工，完善的职业能力评价认证制度涉及的机构主要包括：综合协调机构、教育培训机构、行业管理机构、行业协会及其他社会辅助机构。加强各职能部门的横向联系。例如，建筑设计类的职业资格，涉及三十多个部门，不可能每个部门都去设计职业能力标准，搞自己的注册登记，只能服从统一的行业管理。只有各职能部门明确分工、加强协作、相互监督，才能促进职业能力认证制度健康发展。职业能力认证体系需要配备一定的执行机构，并由相应的执行人员，按照一定的规则要素开展评价活动，具体包括人才评价的组织体系及其他要素（如人员、规则等）。其中，组织体系包括评价管理中心、评价标准中心、评价培训中心、评价执行中心和评价监督中心等机构。每个子机构所具有的职能叠加在一起，等于整个体系所具有的职能。

职业教育是人力资源职业能力培养的基本途径，将职业教育分为学历性职业教育和非学历性职业教育，要取得职业能力证书就必须要接受职业教育。如果将职业教育面向职业资格认证制度进行改造，构建以职业能力为核心的认证模式。将职业教育分为学历性职业教育和非学历性职业教育，要取得职业资格证书就必须要接受职业教育。学历性职业教育相当于现在的职业教育，毕业后同时提供学历文凭和职业资格证书，且培训时间较长；而非学历性职业教育则相当于现在的职业资格培训，毕业后只提供职业资格证书，但就读的前提是必须持有同等学力水平的学历文凭。学历性与非学历性的职业教育针对不同的专业（行业）制定相应的内容。改变职业资格证书的考核方法，对专业知识的考核固然可以沿用原有的书面考试方法，但对专业技能的考核则需要设计一套科学、正确的评价方法。在当今社会，知识和技能的更新和淘汰周期进一步缩短，这也就要求职业资格考核的内容也要定期更新，尤其在那些与信息技术密切相关的领域，专业知识、技能的更新速度更要做到与时俱进。

最后，建设能力标准核心层。职业能力的认证有其复杂的理论和开发技术，其实施，最终要体现在对个体职业能力的评价上，而联系个体与职业资格证书的纽带只能是职业能力标准。因而一种现实的职业能力证书，自然不可能离开职业能力标准这一要素。认证应当以职业能力为基点，职业能力内涵目标是整个认证模式核心层构建的思想精髓所在，是认证体系的起始目标。同时它又表现为体系的终极目标。根据我国目前实行学历文凭制度和职业资格证书两种制度并重的现实，制定具有指导意义的《国家职业能力标准体系》，注重基本的职业能力标准的同时，关注综合职业能力的评价与认证。

本书认为认证制度要特别强调以企业需要为导向的职业能力标准。目前我国的职业资格考试根据职业标准中的知识要求与技能要求开发相应的题库，但是题库的开发总是滞后于社会发展，跟不上经济发展对就业者的岗位素质要求，导致鉴定内容不能反映新技术、新工艺、新方法的应用，部分职业的职业标准要求严重滞后于当前的技术发展。在每一个行业设立行业指导机构来制定各行业的国家职业能力标准，最后形成国家职业能力标准体系，为认证提供科学参照。建立全国统一的认证标准注册培训机构以科学、公正的方式进行考评，使评价与质量培训框架标准一致，从而使得评价有效、可信、灵活和公平。我国目前已有的职业能力标准很不系统，残缺不全，即使有一些，恐也已陈旧，或者本身不够科学，缺乏权威性。若能系统组织开发国家职业能力标准，必将大大推动我国职业教育课程体系建设的进程，进而快速提高教学质量。

通过拓展新的能力为本的认证标准，引导职业教育课程凸现产业背景、凸现职业活动为导向和主体教育思想。在标准的制定和选择上打破学历唯上、论资排辈的传统理念，在学历证书和职业资格证书对应转换的基础上，构建职业能力标准体系。

国家职业能力认证制度应以职业能力为培养、认证、使用标准的基准，以第三方认证为原则，承认职业教育等多种学习途径的成果，为职业教育的终身化，为建立终身学习体系提供制度的保障。

| 第 6 章 |

研究结论与建议

通过前 5 章的详细分析，本书已对职业能力的内涵特征、职业能力的形成与积累途径、职业能力测评与认证的方法模式进行了系统而全面的分析研究。本章对前面的研究做出总结，阐明本书的主要结论、理论与实践意义，并在此基础之上，对本书的不足进行说明，同时也指出未来可能的研究方向。

6.1 研究结论

研究任何一门学科都不能离开现实的需要，任何一种理论的外在价值和终极目的均在于指导实践。本着这一思想和出发点，本研究也在不断地思考着关于职业能力的理论研究对于我们的现实究竟具有哪些富于启示意义的思想观点，对于我国的经济建设和社会发展有什么样的特殊借鉴意义。既然人力资源是"第一战略资源"，职业教育在提升人力资源职业能力水平、促进人力资源职业能力建设中的作用至关重要，关键在于三个方面：（1）理念层面：从"学历高"转向"能力强"。1982 年我国确立了"具有中专以上学历和初级以上职称的人员"这一人才标准，扭转了当时不重视教育的局面。但随着社会的发展，评价人才的标准在现实中发生了很大变化，"学历"不能代表"能力"。与当代中国发展的内在积极要求相适应的现代形态的文化价值观应建立在人的能力充分正确发挥这一基石之上，这里的能力既包括人的一般能力也包含职业能力，职业能力是比较直接的外显的表现形式之一，能对社会经济的发展有现实的影响和作用。（2）制度层面：从"技能资格"到"职业能力认证"。学历证书和职业资格证书是职业能力认证的主要形式，但由于我国目前所理解的职业能力水平主要是技能等级水平，职业资格证事实上只是一个技能资格，不具有职业能力的综合表征作用。开展职业能力认证对于我国人力资源职业能力水平的提升具有引导作用。（3）学校层面：从"知识＋技能"到"行动学习"。职业教育的一个本质特征是职业性与教育性的综合，具体表现为职业能力的培养。能力本位"由结果的能力向过程的能力发展，亦即向驾驭工作过程的能力发展"。职业学校的教学改革应从知识模块和技能模块机械相加转向在真实职业情境中知识、技能、态度的有机结合相辅相成的行动学习。

本书在文献综述和理论分析的基础上，主要从职业能力内涵、培养、认证三个方面探讨了职业教育视域中的职业能力的问题。在本书的分析和探讨过程中，主要结论有以下几方面：

（1）职业能力是指个人从事职业活动所必须拥有的本领，它是进行职业活动所必须具备的知识、技能、态度和身体能力的整合，其中包括综合职业能力和基本职业能力。本书从纵横两个维度构成职业能力的基本结构。其中，职业能力在纵向的结构层面可分为基本职业能力和综合职业能力，在横向的要素结构层面则包括专业能力、方法能力、社会能力、身体能力。职业能力具有可培养性、职业指向性、实践性、个体差异性、动态发展性、可测性、评价上的模糊性。

（2）职业能力的形成是知识、技能和态度内化、迁移、整合的过程，对此学术界基本达成共识，本书通过理论分析认为，职业能力的提升是在职业实践中实现的，是以人的职业行为的方式与个体自身整合在一起的，是在其构成要素的互动过程中得以形成并发展的。

（3）基于对职业能力形成机理的认识，可以说职业教育具有三种学习模式：知识获得（一般的和相关专业的）；实践技能的发展（一般的和特殊的）；工作场所的经验。为使获得职业能力的教育和训练的整合易于实施，需要建立一种课程模型能够实现以下目标：一是在学校教育、正规实习、实训和工作场所经验之间建立联系；二是在公共教学、个体教育和训练以及工作场所建立合作；三是建立一种带来职业目的内化的学习项目发展的共同语言。为了保证职业能力的学习成果，课程应该反映获得职业能力需要的组织和三种学习模式的关系。

（4）职业能力的评价包括培养阶段的职业能力测评和人才使用阶段的职业能力认证，评价过程、方式方法应体现能力本位的理念。

可能的主要贡献有以下几个方面：

（1）界定了职业能力的概念及其要素构成。在前人研究的基础上，基于对能力与知识等相关概念的辨析和国际视域对其内涵的理解，对职业能力的基本概念进行了科学界定，引入身体能力因素，分析了职业能力的特征，突出了职业能力的实践性、动态发展性、可测性和评价上的模糊性等特征。明晰了相关概念的联系与区别。在此基础上，提出了职业能力的构成要素，从而为职业能力的深入研究提供了基础。

（2）提出了职业能力形成发展的内在机理。在分析对职业能力培养指导思想与实践有重要影响的理论的基础上，寻找职业能力形成发展的内在机理，在职业实践中，通过知识、技能、态度的内化、迁移、整合的过程，基本职业能力与综合职业能力协调发展促进职业能力提升的机制。详述其生成发展中的影响因素，进而提炼出宏观层面的培养范式，提出在职业教育中构建促进职业能力发展的课程模型，专业教师要注重过程性知识的教学策略，学生要转变学习观念。本书认为对学生的职业能力发展状况进行全面、准确的测评，找出学生职业能力方面的进步与不足，这样才能在培养教育引导中有的放矢，不断改进与提升职业能力。

（3）提出了职业能力认证制度的设计构想。职业能力认证制度以职业能力为培养、认证、使用标准的基准，以第三方认证为原则，承认职业教育等多种学习途径的成果，为职业教育的终身化提供制度保障。加强职业能力认证法律法规体系建设，完善法律法规保障层，构建运转执行层，建设能力标准核心层。

6.2　进一步研究方向

在现有的研究中，无论是从研究的深度还是研究的广度看，该领域中的研究还远远不够，还远未成熟和系统化。本书偏重理论探讨和研究，缺乏访谈和调查，如果在研究方法上进一步采用多个案例跟踪研究，则更能透视职业能力各要素关系和整体协调提升机制，并取得更理想的研究结果。

学生职业能力发展是一个受多种因素影响的动态复杂过程，本书仅仅做了一些尝试，有许多问题值得进一步探索。

第一，在探讨职业能力内涵时，应基于中国文化背景，从技术哲学的视角来研究"技术"在职业能力内涵中的位置与功能。

第二，虽然不同情境、不同性质的工作所需的职业能力不会完全相同，但这并不代表在研究中无法构建具体的能力模型。同类性质的工作对职业能力要求有很多相似之处的。基于这样的认识，今后的研究可以根据具体人员的类别，构建某类职业人员的能力"元"模型。培养机构在构建自己的培养方案时，可以依据该能力"元"模型，进行相应的修正和调整，即可得出该类人员的职业能力需求。

第三，从职业教育的视角看，职业能力形成与提升的问题实际上也就是学习的问题。目前，有关学习的研究已不再是局限于心理学领域，而成为一个跨学科的研究领域，包括认知科学、脑科学、教育学、教育技术学、人类学、社会学等多学科都在研究学习的问题。在当代对学习的研究中，其突出的特征是都很重视对学习的建构属性、情境属性和社会文化属性的研究与实践，要基于学生职业能力的培养来构建区别于普通教育的职业教育学习理论。

第四，职业能力的评价问题尤其是认证制度的建立和实施，既涉及人才的培养过程又是人才评价和使用过程中的关键问题，需要有较高的人力资源管理的理论和专门的技术和方法，融理论性、科学性和技术性于一体，有待于深入探讨和大量的实践验证。

职业能力的理论与实践是一个高度综合的问题，众多学科都针对这一问题的不同方面，形成了学科框架中的理论思维。研究这样高度综合的问题必然要采用更为广阔的视角。以上仅是本书

职业教育视域中的职业能力研究

提出的分析框架基础上所做的些许前瞻，研究尚处于不断拓展和深化的阶段，在这个领域还存在许多问题等待我们去探索和解答。总体来看，职业能力的研究将会继续深入，并且在研究方法上将会越来越细致，从经验的、概念的分析，到注重实证检验和实际应用将是大势所趋。

参 考 文 献

[1] 中国教育与人力资源问题报告课题组. 从人口大国迈向人力资源强国——中国教育与人力资源问题报告 [R]. 高等教育出版社，2003：86 - 87.

[2] 韩庆祥，雷鸣. 从人学到能力建设 [J]. 哲学当代视野，2004（3）.

[3] 韩庆祥. 人的全面发展理论及其当代意义 [J]. 科学社会主义，2004（1）.

[4] 王金波. 美国能力本位师范教育初探 [J]. 教育评论，1985（3）.

[5] 黄尧. 当前我国职业教育的形势和任务——在中国职业技术教育学会 2008 年学术年会上的讲话 [R]. 2008 - 11 - 13.

[6] 中华职业教育社. 黄炎培教育文集（第三卷）[M]. 北京：中国文史出版社，1994：216.

[7] 黄尧. 职业教育学——原理与应用 [M]. 北京：高等教育出版社，2009：51.

[8] 马克斯·韦伯. 社会科学方法论 [M]. 李秋零，田薇，译. 北京：中国人民大学出版社，1999：37.

[9] 蒋乃平. 有中国特色的职业能力内涵——"宽基础、活模块"课程模式再论之九 [J]. 职业技术教育，2008（4）.

[10]《辞海》编辑委员会. 辞海 [M]. 上海：上海辞书出版

社，1999：1383.

[11] 欧阳康. 从功能角度深化主体—客体问题研究 [M]. 武汉：华中理工大学出版社，1999：207 – 208.

[12] 扈中平. 教育目的论.［M］. 武汉：湖北教育出版社，1997：246.

[13] 马克思恩格斯全集（第 42 卷）［M］. 北京：人民出版社，1972：125 – 126.

[14] 黄楠森. 人学原理 [M]. 南宁：广西人民出版社，2000：422 – 423.

[15] 马克思恩格斯选集（第 2 卷）［M］. 北京：人民出版社，1972：212.

[16] 马克思恩格斯选集（第 3 卷）［M］. 北京：人民出版社，1972：333.

[17] 苏联教育科学院编. 列宁论教育 [M]. 北京：人民教育出版社，1979：18.

[18] 白学军. 智力心理学的研究进展 [M]. 杭州：浙江人民出版社，1996：2.

[19] 林崇德. 学习与发展——中小学生心理能力发展与培养 [M]. 北京：北京师范大学出版社，2003：169.

[20] 中国大百科全书出版社编辑部. 中国大百科全书心理学（上）［M］. 北京：中国大百科全书出版社，1991：225.

[21] 彭聃龄. 普通心理学 [M]. 北京：北京师范大学出版社，2001：390.

[22] 孟昭兰. 普通心理学 [M]. 北京：北京大学出版社，1994：443 – 444.

[23] H. A. 奥图. 人的潜能 [M]. 北京：世界图书出版公司，1988：62.

［24］王勇．基于能力的人力资源管理理论研究［D］．杭州：浙江大学，2003．

［25］国际人力资源管理研究院（IHRI）编委会．人力资源经理胜任素质模型［M］．北京：机械工业出版社，2005：7．

［26］王继承．谁能胜任［M］．北京：中国财政经济出版社，2004：18．

［27］黄孝栈．能力本位职业教育［M］．台北：正文书局，1984：25．

［28］阎建平，等．能力新论——简谈人的能力及其发展规律［J］．教育理论与实践，2006（4）．

［29］约翰·杜威．民主主义与教育［M］．王承绪，译．北京：人民教育出版社，1990：328．

［30］仵林军．大学生职业生涯规划研究［D］．南京：南京理工大学，2005．

［31］姚裕群．职业生涯规划与发展［M］．北京：首都经济贸易大学出版社，2003：8．

［32］王勇．基于能力的人力资源管理理论研究［D］．杭州：浙江大学，2003．

［33］Hager，P G et al. Attributes and Competence［J］．Australian and New Zealand Journal of Vocational Education Research，1993，1（1）：36－45．

［34］陈庆合．能力本位教育的四大理论支柱［J］．职教论坛，2004（36）．

［35］吴晓义．"情境—达标"式职业能力开发模式研究［D］．长春：东北师范大学，2006．

［36］邓泽民，陈庆合，刘文卿．职业能力的概念、特征及其形成规律的研究［J］．煤炭高等教育，2002（2）．

［37］赵志群．职业教育与培训学习新概念［M］．北京：科学出版社，2003．

［38］徐国庆．解读职业能力［J］．职教论坛，2005（12）．

［39］徐国庆．职业能力的本质及其学习模式［J］．职教通讯，2007（1）．

［40］吴晓义．"情境—达标"式职业能力开发模式研究［D］．长春：东北师范大学，2006．

［41］严雪怡．教育分类、能力本位与广义的职业能力培养［J］．职业技术教育，2007（7）．

［42］陈宇．职业能力以及核心技能［J］．职业技术教育，2003（11）．

［43］蒋乃平．对综合职业能力内涵的再思考［J］．职业技术教育，2001（4）．

［44］石伟平．职业能力与职业标准［J］．全球教育展望，1997（3）．

［45］邓泽民，陈庆合，刘文卿．职业能力的概念、特征及其形成规律的研究［J］．煤炭高等教育，2002（2）．

［46］吴晓义．"情境—达标"式职业能力开发模式研究［D］．长春：东北师范大学，2006．

［47］黄尧．学历证书与职业资格证书相互转换的理论与实践研究［M］．北京：高等教育出版社，2007．

［48］刘德恩．职业能力评价的三种模式［J］．职教通讯，2000（11）．

［49］顾倩．职业技术学校学生职业能力的结构方程模型分析［J］．中国健康心理学杂志，2006（2）．

［50］姜进章．知识重建论：一种超越时代的管理哲学和方法论［D］．南京：南京大学，2000．

［51］宋太庆. 知识革命论［M］. 贵阳：贵阳人民出版社，1996.

［52］彼得·德鲁克. 成果管理［M］. 童新耕，译. 上海：上海译文出版社，1999：5.

［53］杨继平. 知识、知识经济与教学改革——浅谈正迁移能力的培养［J］. 教育理论与实践，2000（4）.

［54］陈佑清. 人作为活动主体的素质结构［J］. 教育研究，2002（6）.

［55］韩庆祥. 素质教育的本质："能力教育"［J］. 高等教育研究，2000（4）.

［56］王彦军. 日本劳动力技能形成研究——基于人力资本理论的分析［D］. 吉林：吉林大学，2008.

［57］皮连生. 知识分类与目标导向教学——理论与实践［M］. 上海：华东师范大学出版社，1998：90－92，3－5.

［58］Department for Education and Employment. Skills for All：Proposals for a National Skills Agenda. Final Report of the National Skills Task Force［R］. London（England）United Kingdom，2000.

［59］黄尧. 职业教育学—原理与应用［M］. 北京：高等教育出版社，2009：45.

［60］张伟远. 西方职业指导的理论和模式述评［J］. 华东师范大学（教育科学版），1987（2）.

［61］Vanloo J B，Toolsema B. The Empirical Determination of Key Skills from an Economic Perspective［J］. Education Economics，2005：207－221.

［62］劳伦斯·S. 克雷曼. 人力资源管理：获取竞争优势的工具［M］. 孙非，等译. 北京：北京机械工业出版社，1999：245.

［63］石伟平. 英国能力本位的职业教育与培训［J］. 外国教育，1997（2）.

［64］ Confederation of British Industry 1998，Qualified to Compete. Creating a World Class Qualifications Framework ［EB/OL］.［2001 – 01 – 18］. www. cbi. org. uk/home. shtml.

［65］王勇. 基于能力的人力资源管理理论研究 ［D］. 杭州：浙江大学，2003.

［66］ Pratzner F C . Occupational Adaptability and Transferable Skills：Project Final Report. Information Series No. 129 ［R］. National Center Publications，The National Center for Research in Vocational Education，The Ohio State University，1978.

［67］ Bunk P. Teaching Competence in Initial and Continuing Vocational Training in the Federal Republic of Germany ［J］. European Journal of Vocational Training，1994，1 (1)：8 – 14.

［68］徐朔. "关键能力" 培养理念在德国的起源和发展 ［J］. 国外职业教育，2006 (3).

［69］赵志群. 职业教育与培训学习新概念 ［M］. 北京：科学出版社，2003.

［70］徐国庆. 职业知识论与职业教育课程内容设计 ［J］. 职教通讯，2006 (7).

［71］朱晓斌. 文化形态与职业教育——德国 "双元制" 职业教育模式的文化分析 ［J］. 比较教育研究，1996 (6).

［72］姜大源. 基于全面发展的能力观 ［J］. 中国职业技术教育，2005 (22).

［73］庞世俊. 澳大利亚职业能力内涵变迁与理论研究 ［J］. 职业技术教育，2009 (7).

［74］ NCVER. Fostering Generic Skills in VET Programs and Workplaces：At a Glance ［R］. NCVER，2003.

［75］ NCVER. Fostering Generic Skills in VET Programs and Workplaces：At a Glance ［R］. NCVER，2003.

［76］许菊芳. 教育是安定繁荣之轮 ［J］. 天下杂志，1996b：178.

［77］邓泽民. 职业学校学生职业能力形成与教学模式研究 ［M］. 北京：高等教育出版社，2002：3 - 4.

［78］皮亚杰. 结构主义 ［M］. 倪连生，王琳，译. 北京：商务印书馆，1984：1 - 6.

［79］冯忠良. 教育心理学 ［M］. 北京：人民教育出版社，2002：245.

［80］陈庆合. 能力本位教育的四大理论支柱 ［J］. 职教论坛，2004（12）.

［81］潘菽. 教育心理学 ［M］. 北京：人民教育出版社，1983：139.

［82］冯忠良. 教育心理学 ［M］. 北京：人民教育出版社，2002：281.

［83］Rauner F. 职业教育与培训——学习领域课程开发手册 ［M］. 北京：高等教育出版社，2007：5.

［84］和震. 构建职业技术教育学理论体系的思考 ［J］. 职教通讯，2005（7）.

［85］徐国庆. 工作结构与职业教育课程结构 ［J］. 教育发展研究，2005（8）.

［86］俞启定. 职业教育推崇"关键能力"弊大于利 ［J］. 教育与职业，2009（3）.

［87］胡振浩. 高职体育职业体能创新教学体系的研究 ［J］. 北京体育大学学报，2007（7）.

［88］武斌. 高职院校学生职业体能培养体系研究 ［J］. 中国职业技术教育，2010（3）.

［89］江新，郑兰琴．关于隐性知识的分类研究［J］．开放教育研究，2006（2）．

［90］库伯．体验学习：让体验作为学习与发展的源泉［M］．王灿明，朱水萍，等译．上海：华东师范大学出版社，2008．

［91］曾湘泉．劳动经济学［M］．上海：复旦大学出版社，2003：121－130．

［92］Billett S．Situated Learning：Bridging Sociocultural and Cognitive Theorising［J］．Learning & Instruction，1996，6：263－280．

［93］赵蒙成．工作场的学习：概念，认知基础与教学模式［J］．比较教育研究，2008（1）．

［94］Gunningham，J. The Workplace：A Learning Environment［C］. Paper Delivered at the First Annual Conference of the Australia Vocational Education and Training Research Association，1998．

［95］马振华．我国技能型人力资本的形成与积累研究［D］．天津：天津大学，2007．

［96］黄尧．学历证书与职业资格证书相互转换的理论与实践研究［M］．北京：高等教育出版社，2007．

［97］史秀英，李燕燕．DIN33430 职业能力测评标准［J］．世界标准化与质量管理，2003（11）．

［98］孙若兰．对中职学生职业能力测评的思考［J］．教育与教学研究，2009（4）．

［99］陈李翔．能力课程资格：从工作中来到工作中去［M］．北京：中国劳动社会保障出版社，2008：124．

［100］Foreman D，Davis P，Bone J．Assessment Practices at Diploma and Advanced Diploma Levels Within Training Packages［R］. Ncver，2003．

［101］David D C. The Assessment of Generic Skills［C］．Generic

Skills in Vocational Education and Training Research Readings Edited by Jennifer Gibb. Australian National Training Authority, 2004.

［102］中国社会科学院语言研究所词典编辑室. 现代汉语词典（修订本）［M］. 北京：商务印书馆，2005：1150.

［103］http：//www. cnca. gov. cn/cait/flfg/7529. shtml > 中国认证认可信息网，2008 – 02 – 12.

［104］樊根耀. 第三方认证制度及其作用机制研究［J］. 生产力研究，2007（2）.

［105］徐国庆. 职业资格证书模式的国际比较研究［J］. 全球教育展望，2006（1）.

［106］Grollmann P. Professional Competence as a Benchmark for a European Space of Vocational Education and Training［J］. Journal of European Industrial Training，2008，32（2/3）.